英字新聞「日経ウィークリー」活用法

杉田米行 編著

大学教育出版

英字新聞「日経ウィークリー」活用法

目　次

Chapter 1
「日経ウィークリー」を読むにあたって――**教養力と英語力**
　　　　　　　　　……………………………………… 杉田　米行 …… *1*

Chapter 2
「日経ウィークリー」を読むコツ――「受験英語」との相違
を理解して「使える英語」へ ……………… 杉野　俊子 …… *9*

Chapter 3
Front/News Focus（ヨーロッパ関係）
　　　　　　　……………………………………… 山元　里美 …… *22*
　1. EU banks could face big credit crunch as Greek
　　crisis spreads（5/10/2010）……………………… *22*
　2. EU to bring bank tax to G-20（6/21/2010）……………… *30*

Chapter 4
Front/News Focus（アメリカ関係）
　　　　　　　……………………………………… 熊谷　俊樹 …… *38*
　1. Toyota, Tesla to roll into electric future together
　　（5/24/2010）………………………………………… *38*
　2. Kan must reverse Hatoyama's errors
　　（6/7/2010）…………………………………………… *46*

Chapter 5
Business Beat ……………………………… 立花顕一郎 …… *54*
　1. JFE bullish on future of emerging markets
　　（6/7/2010）…………………………………………… *54*
　2. Japanese firms actively recruiting foreigners
　　（6/21/2010）………………………………………… *62*

Chapter 6
Asia ...... 川村　亜樹 *70*
1. Singapore hosts China, India (5/3/2010) *70*
2. China, North Korea mend bridges to further trade (6/21/2010) *78*

Chapter 7
Technology ...... 藤原　郁郎 *86*
1. Preserving biodiversity benefits society, business, helps secure future (5/31/2010) *86*
2. Next-generation reactors power up (5/24/2010) *94*

Chapter 8
New Products ...... 西川　秀和 .. *102*
1. Whitening, moisturizing sunscreen lotions turn into everyday product (4/19/2010) *102*
2. Ultrasleek design lets new Fujitsu ultramini PC fit in inner pocket (6/21/2010) *108*

Chapter 9
Marketing ...... 竹村　和浩 .. *116*
1. Ventures offer agribusiness fertilizer (6/26/2010) *116*
2. Electronics makers rushing out iPad knockoffs (6/14/2010) *122*

Chapter 10
Investing ...... 樋口謙一郎 .. *132*
1. Staffing agencies casting about for new sources of revenues (5/31/2010) *132*
2. Stock brokers taking advantage of tweets to update investors (5/10/2010) *138*

Chapter 11
Price Report/Features ……Fergus O'Dwyer‥ *144*
 1. Consumers going online, duty-free for luxury foreign brand goods (6/14/2010) ………………… *144*
 2. Putting a more global face forward (Features) (6/7/2010) ……………………………………… *152*

Chapter 12
Editorial & Commentary ………白井　慶子‥ *158*
 1. U.S. nuke action welcome, but must include China (4/12/2010) ……………………………………… *158*
 2. Japan should speed fiscal reform after G-20 (7/5/2010) ………………………………………… *166*

Chapter 13
Discovery/Trends/Insight ………中垣恒太郎‥ *174*
 1. Technology's human touch (5/17/2010) ……… *174*
 2. Girls 'manga' artist offers tips on selling into U.S. market (5/24/2010) ……………………………… *182*

略語一覧 ……………………………………………… *190*

Chapter 1

「日経ウィークリー」を読むにあたって──教養力と英語力

　「英語力をつけたいのですが、どのように勉強すればいいですか」学生・社会人・主婦を問わず、これまでに一番多く受けた質問です。書店に行けば、英語学習関連の本が山積みになっていますが、初級用が目につきます。需要が最も多いからでしょうか。

　「英語をもう一度基礎からやり直そう」と一念発起し、"This is a pen..." から始めるのは考えものです。一定レベルの基礎英語力（中学3年間で習得する英語力）があれば、社会で役立つ教養を身につけるために英語を手段として活用しましょう。そうすれば、教養力と英語力を同時に高めることができます。

　どうせ辞書を引くのなら、「日経ウィークリー」で使われた単語を調べましょう。精読することで使える語彙数が増えるとともに経済情勢も理解できます。日本経済新聞を事前に読んだ上で、内容のよく似た「日経ウィークリー」の記事を読めば、少々個々の単語の意味がわからなくても、何となく記事全体の意味がわかるということもあります。教養力（背景知識）と英語力は表裏一体のものです。

　「日経ウィークリー」は、経済問題を中心とした1週間の国際情勢ダイジェスト版といえます。日本関連の記事が多く、英語で日本の情勢を発信する際にも重宝します。これからは、「英語の勉強」をするのではなく「英語を手段として用いて教養力を向上」させましょう。

英字新聞の特徴

　英字新聞には独特のスタイルがあります。英字新聞の記事は見出し（headline）、前文（lead—省略されることもあります）、本文（text）から構成されています。重要度別に並べると、見出し→前文→本文最初の3パラグラフになります。順番に説明していきましょう。

　一番重要なのは見出し（headline）です。毎週すべての記事を読む人はあまりいないでしょう。この見出しを見て関心のある内容か否かが判断できれば、その記事全体を読むか否かを決めることができます。見出しは短い言葉でその記事の内容が凝縮されています。選挙で何党が勝利したのか、A社とB社の合併は行われたのか否か、失業率に大きな変化があったのか否か、といった最も重要な情報を見出しだけから得ることも可能な場合があります。

　この見出しを補足するのが前文（lead）です。見出しの内容を掘り下げ、より多くの情報が与えられています。前文の方が見出しよりも長くなる傾向があり、その分、見出しよりも理解しやすくなっています。見出しと前文を見れば、その記事の中心的な内容が大体把握できるようになっています。

　新聞記事は重要な情報順に書かれているという原則を確認しましょう。いつ、誰が、どこで、何を、どのようにしたのかという記事情報で重要なことは本文の最初の3パラグラフで書かれることが多いものです。新聞の半面ほど使った長い記事であっても、臆せずに見出し・前文・本文最初の3パラグラフを読んで内容把握する練習をしましょう。

見出し・リードの特徴

1．冠詞（**a, an, the**）を省略する。

　　EU banks could face big credit crunch as Greek crisis spreads

　「ギリシャ金融危機拡大、EU 諸国の銀行は金融規制に直面か」（3章）

　"[a] big credit cruch" とするところを冠詞 [a] を省略。

2．**to** 不定詞は未来のことを示す。

　　EU to bring bank tax to G-20

　「欧州連合、G-20 で銀行税 [導入] を議案に」（3章）

　EU が G-20 に銀行税導入を提起するのは未来のことなので to 不定詞で示しています。EU [is] to bring または EU [will] bring と考える。

3．**BE** 動詞（**am, is, are** 等）を省略する。

　　JFE bullish on future of emerging markets

　「JFE が新興市場の先行きを楽観視」（5章）

　"JFE [is] bullish" とするところを Be 動詞 [is] を省略。

4．過去の出来事は現在形を使う。また、「,」は「**and**」を示す。

　　China, North Korea mend bridges to further trade

　「中国と北朝鮮が貿易促進のために橋梁を修復」（6章）

　mend は現在形だが、「修復した」という過去の事実。また、China, North Korea は China [and] North Korea を示す。

5．長い単語を、略語で代用する。

　　U.S. nuke action welcome, but must include China

　「アメリカの核軍縮は歓迎だが中国を含めなくてはならない」（12章）　U.S.=the United States の略

ホップ・ステップ・ジャンプ（基礎編）

　「日経ウィークリー」はトップ面、News Focus, Business Beat, Financial Business, Asia, Marketing, New Products, Technology, Investing, Price Report, Features, Editorial & Commentary, Readers Workshop, Discovery, Insight という 15 のカテゴリーから構成されています。実際に「日経ウィークリー」を読むと、内容的にも難しく、英単語も難易度の高いものも出てきます。そこで「ホップ・ステップ・ジャンプ」の3段階で読破にチャレンジしてみましょう。

ホップ：興味のある記事を選んで読みましょう！　Marketing や Technology 等の記事は学生や一般の人にはとっつきにくい面があるかもしれません。逆に言えば、医療関係者は医療分野の最新テクノロジーに関する記事には興味がそそられ、内容面もわかりやすいということもあります。また、日本経済新聞で興味のある記事を読んだ上で、同じ内容を扱っている「日経ウィークリー」の記事を読んでみましょう。興味ある分野は背景知識も多いはずですし、なによりも「もっと知りたい」という好奇心が旺盛になっていますので、辞書で単語を調べるのも苦にはなりません。また、興味があれば、知らない単語が出てきても、類推する力が格段に高まっているはずです。好きなもの、得意な分野から始めるのが得策です。

ステップ：「日経ウィークリー」のトップ面には、その週で最も重要だと思われる事項が取り上げられます。日本経済新聞だけではなく、他の新聞やテレビのニュース等でも取り上げられているような事項です。毎週、このトップ面の記事を精読するという習慣をつけてはどうでしょうか。一度も見たことがない英単語はもとより、あやふやな単語もしっかりと辞書を引き、的確に意味を把

握し、全文を逐語訳（ちくごやく）してみてはいかがでしょうか。

ジャンプ：15のカテゴリーのうち、トップ面以外に News Focus はとっつきやすい内容になっています。このカテゴリーから興味ある記事を選んで、見出し・前文・最初の3パラグラフを読んで、どの程度理解できるか試してみましょう。

また Readers Workshop では business basics in English として、Q&A 形式でビジネスの基礎を英語でわかりやすく説明しています。Keywords も丁寧な説明が比較的容易な英語で示されています。このページをすべて、辞書を引かずに読む練習をしてはいかがでしょうか。

ホップ・ステップ・ジャンプ（応用編）

ホップ：ストップウォッチを使って速読にもチャレンジしてみましょう。本来、新聞は一字一句意味を考えながら精読するようなものではなく、6〜8割程度の理解度でざっと目を通す類いのものです。見出し・前文・本文最初の3パラグラフを当初3分間、最終的には1分程度で読み終えて、目を閉じ、記事を読み返さずに記事の内容を口頭で述べ、メモ用紙に書きましょう。英文を読みながらその内容を頭の中に記憶としてしまいこみましょう。応用編では、新聞記事を「和訳する」のではなく、内容把握・要約に重点を置きましょう。

ステップ：見出しと前文は大変重要ですが、省略語等も使われ、内容を把握するのが極めて難しい場合も多くあります。しかし、見出しと前文だけで内容把握（もしくは推測）ができるようになれば、内容のよくわかっている記事は、見出しと前文だけ目を通し、次の記事に移っていくことも可能になります。いくつか異なるカテゴリーから適当に記事を選び、その見出しと前文だけを読んで

内容が推察できるか否かを試してみましょう。応用編では、記事内容の推察も重要になります。

ジャンプ：トップ面以外から興味のありそうな記事を3つ選び（異なるカテゴリーから選ぶ方がよい）、速読にチャレンジしましょう。1面の半分程度の長さの記事であれば、当初10分間、最終的には3分程で読み終え、目を閉じ、記事を読み返さずに記事の内容を要約し、メモ用紙に書きましょう。目標としては、その新聞記事を読んでいない人に、その記事の内容をわかりやすく説明できるようになることです。応用編では、速読と内容把握に重点を置いてください。

他の便利なサービス

「日経ウィークリー」をより深く理解するために、日本経済新聞社はさまざまなサービスをネット上に提供しておられます。以下のページがポータルになります。

http://www.nikkei4946.com/sb/j_index/index.asp

このポータルから「THE NIKKEI WEEKLY を読み解く！メルマガ」の無料配信を申し込むことができます。全文を読むためには、The Nikkei Weekly 最新号の READERS WORKSHOP 面右上、『Keywords』コーナーの単語（もしくはフレーズ）を入力する必要がありますが、一流の専門家が新聞記事の解説、英語表現の説明をしておられ、無料とは思えない、大変読み応えのあるメールマガジンです。

ラジオ NIKKEI 第1で、毎週金曜日 19:00 〜 19:30 他の時間帯に Let's Read the Nikkei Weekly が放送されています。元外交官で政治学者のグレゴリー・クラーク先生が、「日経ウィークリー」

をテキスト代わりにして、主な見出し、最新の経済問題や時事英語を楽しく、時には脱線しながら、英語と日本語の両方を使いながら解説しておられます。これを下記のiTunesで聞くこともできます。

http://itunes.apple.com/podcast/lets-read-the-nikkei-weekly/id144424775

　「日経ウィークリー」から毎週、重要な記事を3本選び、ネイティブスピーカーが朗読したものを無料で視聴することができます。聴解力を高める絶好のチャンスです。

　毎週、水曜、木曜、金曜に1本ずつ掲載されています。まず、記事を読んだ上で朗読を聴くと大変よく理解できるでしょう。少し慣れてくれば、まず朗読を聴き、それから活字で確かめるという作業をすれば聴解力は確実に伸びていきます。

　また、教員の方が学校等の授業で使用する際は、この朗読を教室で聞かせ、ディクテーションさせたり、教員が作成した理解度を試す問題に答えさせたりすることもできます。工夫次第で大変役立つサイトになります。

http://www.teamm2.co.jp/nikkei/tnw-listening/

教員の皆さまへ

　ポータル画面（http://www.nikkei4946.com/sb/j_index/index.asp）左側面にある「教育プログラム」をクリックすると、日本経済新聞国際事業本部と大阪大学杉田研究室との間で行われている「The Nikkei Weekly Academic Project」にリンクしています。

　ここでは、大学・短期大学・通信教育・各種学校・英語学校等で「日経ウィークリー」をテキストとして用いながら効率よく授業を

進める、教授力向上のための研究を行っています。クラス単位で「日経ウィークリー」を3カ月間20部以上使用される先生方がこのプロジェクトに参加しておられます。2010年度の第1回プロジェクトでは、北は宮城から南は大分まで、またインターネット授業を活用してアメリカ在住の先生もこのプロジェクトに参加していただきました。

　そして、参加者には、大学等の授業に合わせた特別3カ月購読期間と割引定期購読料、教授用資料の配信、サンプル期末試験配信、「日経ウィークリー」を使っての教授法等に関する書籍執筆陣への参加、大阪・東京等で「日経ウィークリー」を使っての教授方法意見交換会、The Nikkei Weekly編集長等の無料特別出張セミナー、大阪大学での特別講演招聘（1回講演）等さまざまな特典のみならず、このプロジェクトの遂行に必要な資料購入、ネットブックやプロジェクター等必要機器購入、フィールドワーク費用などに補助金が提供されます。

おわりに

　英語を勉強するのであれば、実生活に役立つものでありたい。最新情報満載の新聞は格好のテキストです。しかし、新聞は授業用テキストとして編集されていないので、皆さんからすれば、それを使ってどのように英語を勉強すればよいのか、教員からすれば、新聞を使ってどのような授業ができるのか、わからないことが山積みです。その障壁を取り除こうとするのが本書の目的です。

　皆さん一緒に勉強してまいりましょう。

Chapter 2

「日経ウィークリー」を読むコツ──「受験英語」との相違を理解して「使える英語」へ

　英語でびっしり書かれた英字新聞を渡されて、来週までに記事を1つ読んできてくださいと言われたらどうしますか。どこから手をつけたらよいのか困ってしまうのではないでしょうか。「Q&A」から、英字新聞を読む際のコツを掴んで、「使える英語」へとつなげていきましょう。

Q：英字新聞は、頁の最初から最後まで読まないといけないのですか。

A：まずは読みたい記事から読み始めてみましょう。

　日本語の新聞を読む時、大体の人は最初から最後まで全部は読まないはずです。英字新聞も、とりあえず読みたいところから読んでみましょう。聞いたことのある出来事や、写真や単語から内容が想像できるような記事から読み始めるとよいでしょう。

Q：English users は勉強のために英字新聞を読んでいるのですか。

A：いいえ、情報を得るためです。

　彼らは世界の最新情報をすばやく得るために読んでいます。皆さんも読むコツを掴んだら、情報を得ることに集中してみましょう。

Q：どのような勉強をしたら英字新聞が読めるようになりますか。

A：英字新聞を読むために勉強するのでなく、英字新聞を使って勉強してください。

高校卒業程度の英語力があれば大丈夫です。それから、日本語で雑学を身につけておくと、その情報も役立ちます。

Q：英字新聞を使って英語の勉強をするのに、どのくらいの量と回数をすればよいですか。

A：最初は、量は少なく、回数は多く、を心掛けましょう。

同じテーマの記事を毎日続けると、同じ単語や表現が何回も出てきますので、語彙も増え、形式にもなれていきます。ですから、1週間に1度、長時間読むより、1週間に3-4回（1回に20-30分）読むほうが効果的です。また、日本語の新聞記事を読んで、同じテーマの記事を英字新聞で読んでみるのも効果的でしょう。

Q：「受験英語」と同じように読むのですか。

A：受験英語とは異なった、英字新聞の独特の表現とパターンがあります。

英字新聞特有の見出し、独特の表現、一定のパターンを覚えれば、受験英語より楽です。ただし、主語が含まれている（主部）と動詞が含まれている（述部）が離れている場合が多いので気をつけましょう。

例えば、In Beijing last month, Acer Inc, the world's second-largest personal-computer maker, said that ...
この例文では主語は Acer Inc、述部は said です。コンマが有効に使われていて、コンマからコンマの後に、述部がくることが多いです。

訳：先月北京で、エイサー株式会社、世界で二番目に大きいパソコンメーカだが、〜と発表した

Q：単語はどのように覚えるのですか。

A：最初はわからない単語や表現を全部洗い出して辞書で調べてもよいのですが、次第に語彙数を減らしていくとよいでしょう。

わからない単語を全部辞書でひいていたら、大変ですし、興味も半減します。「繰り返し」と「量をこなす」ことが大事です。

Q：英字新聞は、英語学習以外にどのように役に立つのですか。

A：特に海外メディアとの論調や視点の違いを学べる点と「使える英語」として発信できる点があります。

英語圏だけでなく、アジアでも、英字新聞から情報をとることができます。中国では、CHINA Daily, 韓国は The Korean Herald, タイでは Bangkok Post など。また、日経ウィークリーでは、日本の政治・経済・技術・文化についての記事が豊富なので、自ら海外の人に日本の情報を発信することができます。

第1段落に注目―まず第1段落を読んでみましょう！
ステップ1

英文記事は第1段落に注目。特に、第1段落の始めの1文が大事！（第1段落を読んで、興味がなければ、次の記事を読む）「受験英語」の長文と違って、時系列順には書いていません。また記事は最後まで精読しなくてもよいのです。

英文記事： 事実（現象）出来事 さらにその事実の背景・解説
　　　　　何かが起きた、何かが起きる、何かが起きると言っている、起きるべきだ、という文脈がくる。

小　　説：導入、展開、さらなる展開―最後まで目が離せない。

受験英語：最後まで読まなければ答えがわからないような長文。あるいは、文脈（背景）がわからない短文。

ステップ2

記事は訳読しないで、文頭から意味を取っていく方法が有効です。記事は内容把握に心がけ、意味を理解することが大事で、受験英語とは違って、完璧な日本語に置き換えなくてよいのです。

ステップ3

細かい文法にこだわらなくてもよいのですが、主語と動詞は間違えないようにしてください。主語と動詞の位置が離れている場合が多く、また、過去分詞、前置詞のlike（～のように）など、動詞と間違えやすいので注意してください。慣れるまで、記事の第1段落にざっと目を通し、主語と動詞を見つけてから、文頭から読み取っていく方法が効果的です。

ステップ4

「使える英語」だと思う語彙や例文を、日常会話や、日本の政治・経済・文化などの発信の際に実践的に使ってみよう。

「日経ウィークリー」の紙面は、1面を含むNews Focus, Business-Beat, Financial Business, Asia, Marketing, New Products, Technology, Investing, Price Report, Features, Editorial-Commentary, Readers Workshop, Discovery, Trends, Insightの分野別に分かれています。本書の第3章から13章まで、分野別に記事をとりあげて解説していますが、その中で特に読みやすい、あるいは間違えやすい第1段落を、ステップ1～4にそって実際に読んでみよう。

例1　「**Toyota, Tesla to roll into electric future together**」

（トヨタとテスラ、電気自動車の将来に向けて提携）

News Focus（第4章）5/24/2010

1．この記事のタイトルを読むとトヨタとかelectric（電気）などが出てきますので、今はやりの電気自動車のことかなと想像がつきます。また、最初の一文で、なじみのある単語（太字）が出てくると、少し読んでみようという気になると思います。

New York – **Toyota** Motor Corp. and Tesla Motors

Inc. a maker of **electric** vehicles based in the **U.S. state of California** said **May 20** that they will form a capital and operational alliance to jointly develop and manufacture electric cars.

　トヨタ自動車がカリフォルニアに基点を置くテスラ・モーターズと、次世代車（EV）の開発と製造に、包括提携をした、という内容を知っている人であれば、2段落目以降、読み進めやすいはずです。

2．完璧な日本語に置き換えなくてよく、文頭から訳していきます。

New York – ① <u>Toyota Motor Corp. and Tesla Motors Inc.</u>, ② <u>a maker of electric vehicles based in the U.S. state of California</u> ③ <u>said</u> ④ <u>May 20</u> ⑤ <u>that they will form a capital and operational alliance to jointly develop and manufacture electric cars.</u>

(New York ←ニュースの情報源を見る)

① 主語：トヨタ自動車と、テスラ・モーターズは、
② 電気自動車メーカーで、米国カリフォルニア州に拠点をおいているのだが、（受験英語では：米国カリフォルニア州に拠点をおく、電気自動車メーカー）
③ 動詞：〜と発表した。said は「発表する」と訳すのが適当。
④ 5月20日に
⑤ 「何と言ったのか」を that 以下に述べている。
　　両社は、電気自動車（EV車）を共同で開発・製造するため、資本・業務提携を結んでいく。

3．この場合の主語と動詞はわかりやすいのですが、based は「拠点をおいた」という過去分詞なので、動詞の過去と間違えないように注意しましょう。

4．「使える英語的」表現
・form（形作る）form a group グループを作る
・jointly（一緒に、共同で）

Many married couples hold a saving account jointly.
（既婚者の多くは共有名義の預金口座をもっている。）

The two countries acted jointly to fight hunger.
（二国は連帯して餓えと闘った。）

例2　Whitening, moisturizing sunscreen lotions turn into everyday product

New Products（第8章）4/19/2010

1．この記事は、女性が紫外線防止と色白を保ちたいという願望の商品化について言っていますので、日本語のタイトル（美白と保湿効果がある日焼け止めローションが日常商品に）の訳を見なくても、英文の「**Whitening, moisturizing sunscreen lotion**s turn into **everyday product**」のタイトルから、馴染みがある単語を太字にすると、ほとんどがカタカナ英語なので、内容も推測しやすいと思います。

2　**Sunscreen lotion**s have been used mainly at **holiday resort**s in **midsummer**. But **new product**s for this **spring-summer** season are for everyday use. ① <u>Cosmetics makers</u> ② <u>are trying to cash in on demand</u> ③ <u>from women</u> ④ <u>who want sunscreen lotions</u> ⑤ <u>that can both block</u>

ultraviolet rays and keep their skin white.

　文法も非常に単純なので、ここでは下線部だけ訳してみましょう。
① （主語）化粧品メーカーは、
② （動詞）〜を活かそうとしている。Cash in on は、利用しようなどの意味がある。
③ 女性たちから、
④ この who は（人に対する）関係代名詞で、どんな女性たちからかを説明している。日焼け止めローションを求める
⑤ この that は（物に対する）関係代名詞で、どんな日焼け止めローションかというと、紫外線を防ぎそして美白効果もある、Keep + 目的語 + 補語の訳に注意。

3．主語と動詞（述部）が、受験英語の代表のように、きれいにそろって出てきますので、大変わかりやすいと思います。
4．「使える英語的」表現
　・mainly（主に、主として）
　What did you study last night? English, mainly.
　（昨晩なにを勉強しましたか？　主に、英語です。）
　The people in the hotel were mainly Chinese tourists.
　（ホテルのお客さんはほとんどが中国人の旅行者だった。）
　・keep + 目的語 + 補語　（人・物）を（ある状態など）に保つ。
　The movie star kept his past secret.
　（その俳優は過去を秘密にしていた。）

例3　「**Japan should speed fiscal reform after G-20**」
　（G-20 会議を終えて日本は財政改革を急ぐべきだ。）

Editorials（第 12 章）7/5/2010

1. これは editorial（社説）からの記事です。社説は初心者には馴染みにくいのですが、G-20（20 カ国・首脳会議）は日本のニュースでもよく取り上げられましたので、挑戦してみましょう。

2. ① <u>Leaders from the Group of 20 advanced and emerging economies</u> ② <u>declared at their recent meeting</u>③<u>that developed countries will at least halve fiscal deficits by 2013</u> ④ <u>and stabilize or reduce government debt-to-gross domestic product ratios by 2016.</u>

① 主語：G20（20 カ国・首脳会議）の国々のリーダー達は、（advanced economies 先進経済、emerging economies 新興経済）

② 動詞：宣言した、最近の会議で（つまり今回の会議で）

③ なんと宣言したのかを that 以下で表す。
先進国は財政赤字（fiscal deficit）を少なくとも半減させる、2013 年までに

④ 宣言した内容の続き、そして、安定させる、あるいは減少させる、国内生産比（domestic product ratios）に対する政府債務（government debt-to-gross）の割合を 2016 年までに

3. 主語は leaders、動詞は declared というのは、わかりやすいと思います。

4. 「使える英語的」表現

・recent（最近の）

I paid a recent visit to Paris, last month in fact.

(私は最近パリに行ってきたんです、実際、先月に。)
・domestic animal（家畜），domestic flight（国内線）

例4 **JFE bullish on future of emerging markets**
（JFEが新興市場の先行きを楽観視）

　　　　　　　　　　　　Business Beat（第5章）6/7/2010）

1．これは、経済の知識がなければ、非常に推測しにくい記事でしょう。

2．① <u>JFE Holdings Inc.</u> ② <u>will spend</u> ③ <u>about 700 billion over the next two years</u> ④ <u>to expand its operations in emerging nations,</u> ⑤ <u>taking stakes in businesses</u> ⑥ <u>that supply local markets,</u> ⑦ <u>The Nikkei learned.</u>

　① JFEホールディングス株式会社は（主語2）
　② 費やすだろう（動詞2）投資するという訳も妥当
　③ いくらを、どのくらいの期間で→約7千億円を今後2年間に
　④ どこでどうするために（不定詞）→新興国での事業を拡大するため
　⑤ （それと同時に）businessに資本参加し。stakeは出資金、株式
　⑥ thatは関係代名詞、businessesとはどんなbusinessesかというと、現地の市場に供給している、あるいは、現地の供給業者に
　⑦ この文章の本当の主語と動詞である。
　　The Nikkei（主語）learned（動詞）（日経は聞いている→と日本経済新聞社の調べて分かった。）

3．新聞の場合、最後にこのように書く場合が多いようです。

受験英語では、

The Nikkei learned　that　JFE Holdings Inc.　→
の順序になります。

英字新聞を読むためのその他のヒント

　以上、第1段落の読み方を主に練習してきましたが、第2、第3と最後の段落まで読み進めていくためのヒントです。

1．「コンマ」に注目！
　a．タイトルは'and'を省略して、代わりにコンマを使う。
　b．コンマは長すぎる文を読みやすくしてくれる。
　c．略語や固有名詞の意味がわからない時、コンマの後ろに解説あり。

　例：Toyota Motor Corp. and Tesla Motors Inc., a maker of electric vehicles based in the U.S. state of California

　この場合、Tesla Motors Inc. とはなんだろと思って、コンマで囲まれた部分を見ると、「a maker of electric vehicles based in the U.S. state of California」と解説があります。結局その会社は、「アメリカのカリフォルニア州に基盤をおく、ＥＶ製造メーカー」だとわかります。

2．With を効果的に使って、できる人をアピールしましょう。

　With という単語は、「と一緒に」という訳を最初に思いつきますが、with には、以下の例に見るようにさまざまな意味があります。

<u>With Greece's debt crisis spreading to other European Union countries,</u>
ギリシャの金融危機が他の EU 諸国に広がるにつれて、→この

場合の with は［原因］…のせいで、…のゆえに、

(第3章) 5/10/2010

With の他の例

・With my mother's permission, I went out.
（お母さんの許しを得て、私は外出した。）
・I am in bed with the flu.
（インフルエンザで寝込んでいる。）
・With this success, intelligent robots may be a little bit close to reality.
（この成功で、知能の高いロボットが少し現実に近づいてきたかもしれない。）

3. 答えはすぐ近くにある！Guessing（推測）も能力のうち！

英語の長文に共通していることは、文の最初にむずかしい概念や主張をもってくることです。パニックに陥らないで、すぐ後ろの文を読むか、次のパラグラフを読むと、大体答えは見つかるでしょう。

例.「Toyota, Tesla to roll into electric future together」というタイトルの記事をはじめて読む場合、「Tesla」の意味がわからなくても、トヨタが自動車メーカーとわかっているので、Tesla も関連企業だろうと想像がつくと思います。

また、セミコロン（；）や、in other words（つまり）、namely（つまり）などの後に、説明文がついているので注目。

4. 文化的背景の違い、しゃれた言葉の使い方

新聞記事のように、短いタイトルで即座に内容を伝えないといけない場合、おしゃれな言い方やユーモアのある表現をする場合があります。日本のスポーツ新聞や、週刊誌の見出しにも使われていますが、英語になると気がつかない場合が多いので、言葉遊

びがわかるように学習に励みましょう。

例.「Toyota, Tesla to roll into electric future together」

　トヨタ自動車とテスラ・モーターズが共に自動車をつくっているので、車を走らせる「roll」と、～の方向に向かってゆっくり動き出す「roll into」とかけている。また電気自動車「electric car」は次世代車なので、「electric future」とかけて書いている。

例. 鳩山前首相が側近に漏らした言葉が「A prime minster really is like the emperor without clothes.」として書かれているが、デンマークの作家アンデルセンの童話、『裸の王様』（The Emperor's New Cloths）を知っていると面白さが倍増する。

5．単語は繰り返しが大事

　同じテーマの記事には、似たような単語や表現が何回も出てきます。

共通の単語：Prime Minister, relocate, coalition, cabinet, ruling coalition, minister など。

6．記者は同じような表現を使うことを避けるため、同義語を使ったり、異なった表現を使ったりする。

（例）

・調整する（決着をつける）

　hammer out a deal ≒ settle the issue

・解任された

　was dismissed = was fired ≒ was forced to resign

・国民の信頼を失う

　lose public's understanding = squandered overwhelming public support ≒ lose the trust of the public

・首相になった

　stepped into office ≒ became a prime minister

・誓約した
　Mr. X promised ≒ vowed ≒ made the pledge
・間違い、誤り
　missteps = errors ≒ diplomatic blunders
・影響を排除する
　eliminating Mr. X's influence ≒ diminish the influence of Mr. X
・日米同盟
　Japan-U.S. Alliance = healthy Japan-U.S. relations ≒ build strong bonds with

このように記者の言い換えの工夫とその表現から、学べる点が大きいようです。

では、次の章から、記事の最後まで読んでいきましょう。
これであなたも intensifying global competition のまっただ中で、教養力と英語力が発揮できるようになるでしょう！

Chapter 3

EU banks could face big credit crunch as Greek crisis spreads

① With Greece's debt crisis spreading to other <u>European Union countries</u>, the market is nervously monitoring the financial health of European banks with significant investment exposure to those heavily indebted nations.

② Financial institutions in 24 major countries had loan and investment balances totaling about $3.18 trillion for Portugal, Italy, Ireland, Greece and Spain-often <u>referred to as</u> the <u>PIIGS</u>-as of Dec. 31, according to the <u>Bank for International Settlements</u>. French and German institutions <u>accounted for</u> half of this.

③ Since late April, <u>the debt</u> of Portugal and Spain has been <u>downgraded</u> or put on review for possible downgrading. This could have serious implications for German and French financial institutions with large amounts of Portuguese and Spanish government bonds, as they could <u>incur</u> huge losses.

④ "The market is also aware of the possibility that credit risk concerns will spread in <u>interbank lending</u>," said Masaaki Kanno, chief economist at JPMorgan Securities Japan Co.

⑤ These concerns are already playing out in the capital markets in the form of higher rates. The three-month dollar <u>London Interbank Offered Rate</u>, or LIBOR, has risen at a rapid clip since late April. This is because European financial institutions are being forced to bid at higher rates to borrow dollars, Kanno says.

⑥ The <u>LIBOR-U.S. Treasuries spread</u> widened to more than 25 <u>basis points</u> on May 6, its highest level since August. While

1 ギリシャ金融危機拡大、EU 諸国の銀行は金融規制に直面か

① ギリシャ債務危機の影響が他のEU諸国に拡がるにつれて、[金融]市場では諸国が緊張した面持ちで、負債大国に投資した欧州銀行の財政状態を静観している。

② 国際決済銀行（BIS）によると、ポルトガル、イタリア、アイルランド、ギリシャ、スペイン— 通称ピーグス（PIIGS）— に対して、主要24カ国の金融機関は総額3兆18億ドル（約263兆円 $1=\87$）の貸付金・投資残高を12月31日付で抱えている。フランス・ドイツの金融機関はこの総額の半分を占める。

③ [2010年]4月下旬以降、[米国系や欧州系の格付け会社による]ポルトガルとスペインの国債格下げが検討されていた。これ[国際格下げ]は、ポルトガル・スペイン国債を大量に抱えるドイツ・フランス金融機関に非常に深刻な影響があるかもしれない。なぜなら多大の損失を被る可能性があるからである。

④ 「市場[の有識者]は、信用リスクの懸念が銀行間融資[市場]に拡がる可能性があることを認識している」と、JPモルガン証券株式会社のチーフエコノミスト、菅野雅明氏は述べた。

⑤ これらの懸念は、すでに高金利という形で資本市場では展開している。ロンドン銀行間取引3カ月金利（LIBOR）は4月下旬以降急騰している。このため、欧州金融機関が米ドルを借り入れるには高い金利を支払わねばならない、と菅野氏は述べている。

this is <u>a far cry from</u> the 400-plus basis points seen during the post-Lehman global fallout in October 2008, it suggests emerging credit concerns.

⑦ Should the concerns <u>escalate into</u> a <u>full-blown</u> credit crunch, Europe's financial institutions would be the first to <u>take a hit</u>.

⑧ This would <u>bode ill for</u> the European economy as a whole, especially if banks grow reluctant to lend.

⑨ And should financial institutions start <u>unloading</u> government bonds in order to <u>curb</u> losses, long-term interest rates could climb and further <u>fan the</u> fiscal <u>flames</u>.

(May 10, 2010)

●●●●●●● 重要単語・熟語と例文 ●●●●●●●

(頁-行)

22-9 **account for** 〜から成る

The final exam <u>accounts for</u> 20% of the final grade.
(期末試験は成績の 20%を<u>占める</u>。)

22-7 **refer to as** 〜と呼ばれている

Mr. Belmont is <u>referred</u> to as a man of wisdom in our company.
(ベルモント氏は弊社では賢者と<u>呼ばれている</u>。)

22-11 **downgrade** 格下げする。反対語は **upgrade**

Standard & Poor <u>downgraded</u> Spain's credit rating to AA from AA+
(スタンダード&プーアはスペインの信用格付けを AA+ から AA

⑥　米国債スプレッド（別名 TED スプレッド）は5月6日に25BP（ベーシス・ポイント。つまり 0.25%）以上拡がり［昨年の］8月以降最も上昇した。2008年10月のポスト・リーマン世界金融危機にみられた400BP（ベーシス・ポイント）超に比べれば程遠いが、これは新たに信用不安が起こっていることを示唆している。

⑦　仮に［信用］不安が本格的な信用規制に発展すれば、欧州金融機関が最初に打撃を被るだろう。

⑧　特に銀行が貸し渋りを始めれば、欧州経済全体にとって悪い前兆となる。

⑨　そして、仮に金融機関が損失に歯止めをかけるために国債を売り始めたとしたら、長期金利が上昇し、金融［危機］を煽りたてる可能性がある。

(2010年5月10日)

●●●●●●●●●●●●●●●●●●●●●●●●●●●●●●●●●●

へ格下げした。）

credit rating　（信用格付け）

国債や社債を発行する本体（国や会社）の債務返済リスク（予定通りに返済が行われない可能性）を投資家向けに記号で表したもの。

22-14　**incur**　（損害などを）受ける

We will not pay any expenses <u>incurred</u> by your company.

（我々は御社側が<u>招いた</u>諸経費については一切払いかねる。）

24-1　**a far cry from**　程遠い

That is <u>a far cry from</u> what we have expected!

（私達が予想していたこととは<u>全く違う</u>ではないか！）

24-6 **bode ill for ~** ～にとって悪い前兆である

反対語は **bodewell for**

The wage disputes in China bode ill for Japanese manufacturing plants.

(広東の賃金紛争は日本の工業プラントにとっては悪い前兆である。)

24-4 **escalate into** ～に発展する

The anti-war protest has escalated into a riot.

(反戦運動は暴動へと発展した。)

24-4 **full-blown** 本格的な

The situation in Iceland has reached that of a full-blown financial crisis.

(アイスランドの状況は本格的な財政危機に達した。)

24-5 **take a hit** 打撃を被る

The sales of luxury cars have taken a hit from the global economic downturn.

(高級車の売り上げは、世界経済の減速からの打撃を被った。)

24-8 **unload** 売り払う

We cannot unload our house for 100 grand. (話)

grand は $1000

(私達の家を10万ドルで売り払うことはできない。)

24-9 **curb** ～に歯止めをかける

Our company has failed to curb expenses.

(我々の会社は経費を抑えられなかった。)

24-10 **fan the flames of ~** 煽り立てる

I would be wise enough not to fan the flame of resentment against our company.

(私なら弊社に対する嫌悪感を煽りたてないように上手くするよ。)

関 連 設 問

問題1 なぜポルトガルとスペインの財政赤字がドイツやフランスの金融機関に影響を及ぼしますか？

この問いに答えるためには、第3段落の以下の部分に注目。

"This could have serious... as they could incur huge losses."

（この事は、ポルトガル国債とスペイン国債を多く抱えるドイツ金融機関とフランス金融機関には、深刻な事態を招く可能性がある。なぜなら、多大な損失を生じさせるかもしれないからである。）

問題2 なぜポルトガルとスペインの財政赤字は資本市場の金利上昇という形で影響を及ぼしていますか？

この問いに答えるためには、第5段落以下の部分に注目。

"This is because European financial... bid at higher rates..., Kanno says."

（菅野氏が言うには、欧州銀行は高い利率でドルを買わされるためである。）

重要用語説明および背景説明

22-1 **European Union countries**（欧州連合加盟国）

加盟国は27カ国（2010年時点）。1981年に加盟、単一通貨ユーロへの参加は2001年から。2004年に経済収斂基準（財政赤字縮小とインフレ率、長期金利、為替相場の安定などユーロに参加するための条件）未達成が判明。このため、今回の財政難問題は、ギリシャだけの問題ではなく、欧州連合やユーロ通貨の信用不安

へも繋がるため大問題となった。

22-7 PIIGS （ピーグス　豚（PIGS）にかけている）

欧州の中で国家債務支払い能力（sovereign debt rating）が非常に低い国々（ポルトガル、イタリア、アイルランド、ギリシャ、スペイン）の頭文字。

22-10 the (national) debt 　（国債）

government debt、public debtとも言う。国が発行する公債。償還期間が一年以上の債券は長期国債という。国債は利率が固定されているため、国債が売られると長期金利（long-term interest rates）は上昇。長期金利上昇は物価高騰へとつながることが多い。

22-8 Bank for International Settlements

（BIS：国債決済銀行）

1930年5月17日に設立。本部はスイスのバーゼル。地域代表部は香港とメキシコ。中央銀行間の通貨売買や預金の受け入れが業務。

22-16 interbank lending 　（銀行間融資）

民間銀行は資産（預金）運用で利益を出す。その市場を銀行間市場（interbank lending market）という。銀行によっては手元に資産が多く残りすぎたり、または足りなかったりするため銀行同士で融資する。銀行間市場には利率があり、銀行間金利（interbank rate）という。

22-20 London Interbank Offered Rate

（LIBOR：ロンドン銀行間出し手金利）

イギリスの銀行間取引金利。「ライボー」と読む。金利の国際的指標。

22-24 LIBOR-U.S. Treasuries spread 　（LIBOR米国

債スプレッド　別名TEDスプレッド）
　3カ月物ユーロドル・LIBORと3カ月物短期米国債との金利差。金融市場不安を表すバロメーター。ユーロドルとはユーロ市場で取引されるドルを指す。市場の信用不安が高まると、信用力の高い米国債が買われる（＝利回り低下）。一方、欧州銀行間ではリスク回避のため高金利で資金調達・融資するため、ユーロドル金利は上昇。その結果、LIBOR米国債スプレッドは拡大。

22-25 **basis points (bps)**　（ベーシス・ポイント　1bp=0.01%）
債権利回りに用いられる。記事中の25 basis pointsとは0.25%のこと。2008年10月のリーマン・ショック後は400 basis points（=4%）までLIBOR米国債スプレッドは拡大。

Front / News Focus

2

EU to bring bank tax to G-20

But Japan, other nations at upcoming Toronto summit cold to idea of global anti-crisis tariff

① BRUSSELS-When the world gathers for the Group of 20 summit in Toronto June 26–27, the European Union intends to propose the concerted introduction of a bank tax that would finance bailouts of failed institutions.

② The plan was included in a statement from the chairman of the EU summit-European Council President Herman Van Rompuy-on June 17. The statement said the EU will aim to reach an accord at the G-20 on a basic strategy for restoring financial health in member countries.

③ The EU's move is apparently designed to prevent another global financial crisis, as well as a recurrence of the sovereign debt crisis that hit Greece. But with some G-20 members-including host Canada and Japan-unwilling to levy a bank tax, there is likely to be a lot of haggling until the last minute at the Toronto summit.

④ The EU's 27 member nations have already agreed to impose the bank tax, which would be based on a bank's assets and liabilities, on all institutions in their countries.

⑤ As for how revenue from the tax would be used, Germany and France, among others, plan to finance future rescue measures for failed banks. The U.K., meanwhile, intends to use the money to restore public funds that have been diverted into troubled banks.

⑥ The EU aims to introduce a bank tax internationally, not just within its bloc, because it wants to ensure a level playing field for banks around the world, according to European Commission President Jose Manuel Barroso. It will seek an agreement at the G-20, but the topic could prove to be a major

2　欧州連合、G-20 で銀行税 [導入] を議案に
…しかしトロント・サミットに参加する日本・他国は [この] 世界金融危機対策に冷ややか

Front /
News Focus

① 　ブリュッセル— 6 月 26・27 日にトロントで開催される G20 会合に世界が集結する時に、欧州連合は経営破綻に陥りそうな金融機関の救済のための銀行税共同導入を提案する。

② 　その計画は、6 月 17 日の EU 首脳協議議長—欧州理事会議長ヘルマン・ヴァン・ロンパウ氏—の声明文に含まれていた。声明文では、欧州連合は加盟国の健全な財政状況を回復するための基本戦略を G-20 で協定が成立するようにする予定である、と発表された。

③ 　欧州連合の動きは、世界金融危機再発の防止とギリシャを襲った債務危機が再び起こることを防止するための取組みとして明らかである。しかしカナダと日本を含む銀行税に反対する G-20 加盟国らがあることから、トロント・サミットでは最後まで論争が続く可能性がある。

④ 　欧州連合 27 加盟国は国内の全ての金融機関に銀行の資産と負債 [バランスシート] に基づく銀行税を課すことにすでに同意している。

⑤ 　税収の使い道だが、フランス、ドイツを含めた欧州諸国は将来の金融機関破たん救済措置に向けて助成する計画である。一方、イギリスは [銀行税の] 資金を問題のある銀行に流用した公債の建て直しに使う。

⑥ 　欧州委員会委員長のジョゼ・マニュエル・バローゾによると、欧州ブロック内だけでなく世界レベルでも銀行税を導入することを欧州連合は目標としているようだ。なぜなら、世界のどの銀行にも同様の機会 [銀行税による保証] を与えたいからだ。G-20 で同意を求める予定だが、判明の争点となる可能性がある。

bone of contention.

⑦ After the EU summit, Van Rompuy told the press that even if the G-20 participants do not reach an agreement on the bank tax, the EU will proceed with the plan on its own.

⑧ As for restrictions on short selling of stocks and other financial instruments-a central issue in the current uproar over financial regulations-the chairman's statement only noted that the European Commission should quickly propose appropriate measures.

⑨ While Germany and France have agreed to toughen regulations on short selling of stocks and others, the European Commission-the EU's executive arm-remains cautious about restricting such action for instruments besides credit default swaps to transfer the credit risk of government bonds. The EU had hoped to narrow the gap at its summit meeting.

⑩ The chairman's statement also underscored the resolve of European leaders to secure financial sustainability, after they learned a bitter lesson from the Greek debt crisis that sparked credit uncertainty in Europe as a whole. At the G-20 summit, the EU will call for an international accord on an exit strategy for dialing down emergency financial policies and restoring normalcy..

(June 21, 2010)

●●●●●●● 重要単語・熟語と例文 ●●●●●●●

(頁-行)
30-4 **finance** ～に資金提供する

How do you plan to finance your graduate education?
(大学院の学費をどのようにして支払う予定ですか？)

⑦　ＥＵ首脳協議の後、ヴァン・ロンパウ氏はマスコミにG-20参加者から銀行税導入の合意が得られなくても欧州連合は独自で計画を進めるつもりだと発表した。

⑧　株の空売りと他の金融商品の制限—現在の金融規制騒動の主要な問題—に関しては、議長声明では、欧州委員会が速やかに適切な政策を提案すべきだ、と触れるだけに留まった。

⑨　株の空売りと他の金融商品に厳しい規制をかけることに対して、ドイツとフランスは同意する一方、欧州委員会—ＥＵの行政執行機関—は国債の信用リスクを移転するクレジット・デフォルト・スワップ等を含む金融商品を規制することに慎重な姿勢を示している。ＥＵ首脳協議では、この意見の相違を狭めることが望まれていた［しかし実際にはできなかった］。

⑩　議長声明［文の中］には、全欧州の信用不安の火付け役となったギリシャ債務危機から苦い経験を学んだ欧州首脳達の金融安定化に向けての決意が強調されている。G-20サミットでは、欧州連合は緊急金融政策を鎮め、［金融］安定を回復するための出口戦略へ向けて国際協定の呼びかけをする予定である。

(2010年6月21日)

●●●●●●●●●●●●●●●●●●●●●●●●●●●●

30-7　**reach an accord**　合意する

The two parties <u>have reached an accord</u> at the last minute.

（直前になって両者とも<u>合意した</u>。）

30-8 **restore** 回復させる

Were you able to restore the data files?
(データファイルを復元できた？)

30-10 **design to ~** ～するように仕組む

Our graduate program is designed to produce future educators.
(大学院課程は将来の教育者を育成する（カリキュラムを）組んでいる。)

30-13 **levy** （税金などを）課す

Individual income taxes are levied by federal and state governments.
(個人所得税は連邦政府と州政府によって課せられる。)

30-14 **haggle** 言い争う

We do not have time to haggle now.
(今言い争っている暇はありません。)

30-22 **divert** 転用する

They diverted the public funds for personal use.
(彼らは公的資金を個人流用した。)

30-25 **a level playing field** 均等な機会

We must create a level playing field for people with disabilities.
(障害者のための均等な機会を作らねばならない。)

32-4 **proceed with~** （一度妨げられたものを）進める

We will proceed with the plan regardless of his decision.
(我々は彼の決定に関わらず計画を進めるつもりだ。)

32-6 **uproar over** 〜に対する騒動

There is an <u>uproar over</u> budget cuts in California.
(カリフォルニアでは予算削減に対する騒動がある。)

32-16 **underscore** 強調する

The governor <u>underscored</u> the legitimacy of his conduct.
(知事は彼の行為の正当性を強調した。)

32-21 **dial down** （口語）静まる

The faculty head tried to <u>dial down</u> politics in the department.
(学部長は学部内の政治を静まらせようとした。)

関連設問

問題1 EU が G20 で審議にかけようと考えている金融政策案は何ですか？

この問いに答えるためには第1段落の以下に注目。

"...the European Union intends to... finance bailouts of failed institutions."
(欧州連合は、経営破綻した（金融）機関の救済に備えるために銀行税を共同導入する意向である。)

問題2 銀行税 (bank tax) とは何ですか？

この問いに答えるためには第4段落の以下に注目。

"...the bank tax, which would be based on a bank's assets and liabilities,"
(銀行の資産と負債によって算出される銀行税)

> **問題3** 欧州連合（EU）は金融機関救済（bailouts）のために銀行税（bank tax）の導入を世界レベルで考えているのはなぜですか？

この問いに答えるためには第3段落の以下と

"...to prevent another global financial crisis... Greece."
（新たな世界金融危機やギリシャを襲った国家債務危機の再発を阻むため。）

第6段落の以下に注目。

"..., because it (=EU) wants to ensure... banks around the world, ..."
（なぜなら欧州連合は世界各国の銀行にも均等な立場を保証したいから。）

重要用語説明および背景説明

30-1 Group of 20 Summit （G20サミット）

2008年の世界金融危機の影響を受け、財務大臣と中央銀行総裁に代わって20カ国の首脳が集まる会議(G20 Summit)となった。参加国はEUを含め主要20カ国・地域。

30-26 European Commission （欧州委員会）

欧州連合の政策執行機関。委員長はジョゼ・マニュエル・バローゾ（José Manuel Barroso）。

32-18 Greek debt crisis （ギリシャ債務危機）

2009年10月に「前政権は2008年度の財政赤字を5%と報告していたが本当は7.75%。2009年度の財政赤字は4.7%ではなく12.7%」とパパンドレウ新政権が発言。この発言を受けて、ギリシャ国債利率が上昇(7%台)、ギリシャ財政不安が拡大。

32-13 **credit default swaps** （クレジット・デフォルト・スワップ　略して CDS）

「債務者（国・企業）が破綻する可能性(= リスク)」に対する保証・保険を金融商品化したもの。債務保証と違い、CDS の売手と CDS の買手は債務者・債権者とは何の関係もない。傍観者の立場からリスク売買をする。

Column

英字新聞の活用法──留学先での懇親会で非常に役立ちました。

　イリノイ大学大学院アーバナ・シャンペーン校時代のこと。私は日本社会の動向を知るためによく英字新聞を読みました。社会学研究科は2週間に1度「トランスナショナル社会学研究会」を開催しています。欧米の大学からグローバル研究分野で活躍する研究者を招待して行う研究会で、金融、政治、移民政策、医療、文化、環境、科学技術など学際的内容が発表されます。この後に必ず懇親会があり、これが意外と厄介でした。美味しいワインを飲みながら、著名な研究者の話を聞いて「ふむ、ふむ」と頷いていれば良いというわけではありません。私に聞かれるのが現代日本の政治、経済、文化・流行など。「知りません」では片付けられません。さらに、当たり障りのない事ではなく、社会学的な捻りのある「気の利いた一言」を求められます。英字新聞には政治、経済、文化と多岐にわたる内容を、的確な英語で書かれており、懇親会で自分の意見を述べる際に有益でした。英字新聞を上手く活用し、「懇親会名人」になってください。

Chapter 4

Front / News Focus 1

Toyota, <u>Tesla</u> to <u>roll into</u> electric future together

① NEW YORK – Toyota Motor Corp. and Tesla Motors Inc., a maker of electric vehicles based in the U.S. state of California, said May 20 that they will <u>form a capital and operational alliance</u> to jointly develop and manufacture electric cars.

② Toyota President Akio Toyoda joined Elon Musk, Tesla's chairman and CEO, and California Gov. Arnold Schwarzenegger at Tesla's headquarters to announce the <u>pact</u>.

③ Toyota is to invest $50 million in the U.S. firm, which would give the Japanese automaker a <u>stake</u> of about 2–3%.

④ The tie-up will also cover the development of components and a production system, and the vehicles will be sold under both brands. The partners will form a <u>task force</u> to <u>hammer out</u> the details.

⑤ Tesla will purchase part of the site of the recently closed California plant of <u>New United Motor Mfg. Inc. (NUMMI)</u>, the former <u>joint venture</u> of Toyota and General Motors Corp. of the U.S. Likely in 2012, Toyota and Tesla will use the plant to <u>launch</u> production of the Model S car that Tesla is developing. Initial annual output <u>is projected at</u> about 20,000 units.

⑥ Toyota, which has set a goal of introducing electric vehicles in the U.S. in 2012, lags rivals in the field. Nissan Motor Co., for example, plans to launch <u>full-fledged</u> production of electric cars in the U.S. this month.

⑦ At the news conference, Toyoda said the alliance will

1　トヨタとテスラ、電気自動車の将来に向けて提携

① 　ニューヨーク—トヨタ自動車とテスラモーターズ（米国カリフォルニア州に拠点をおく電気自動車メーカー）は、5月20日、電気自動車を共同で開発・製造するために資本・業務提携を結ぶと発表した。

② 　トヨタの豊田章男社長は、テスラ本社でイーロン・マスク テスラ取締役会長兼最高経営責任者、アーノルド・シュワルツェネッガー カリフォルニア州知事らと共に同提携を発表した。
③ 　トヨタはテスラに5,000万ドルを投資、それに伴いトヨタは［全体の］約2−3％の株を保有することになる。
④ 　同提携には、構成部品および生産システムの開発も含まれ、電気自動車は両ブランド名（トヨタとテスラ）で販売される。両社はタスクフォースを結成し、詳細を詰める予定。

⑤ 　テスラは、トヨタと米ゼネラルモーターズ（GM）社との元合弁会社、ニュー・ユナイテッド・モーター・マニュファクチャリング社（NUMMI）の最近閉鎖されたカリフォルニア工場の敷地の一部を購入する予定。2012年には、トヨタとテスラは同工場を利用して、テスラが開発中の"Model S"電気自動車の生産を開始する計画。当初の年間生産台数は約20,000台と見積もられている。
⑥ 　トヨタは、2012年に米国で電気自動車を売り出すという目標を設定したものの、その分野では、ライバル社に遅れをとっている。例えば、日産自動車は、今月［既に］米国で電気自動車のフル生産を開始する計画だ。
⑦ 　記者会見で、豊田社長は「この提携により、わが社は高度環境

give his company additional strength in <u>advanced green technology</u>.

(May 24, 2010)

●●●●●●● 重要単語・熟語と例文 ●●●●●●●

(頁-行)

38-見出し **...roll into ~** …は~に向けて動き始める、…は~に向けて動き出す

Many firms <u>are rolling into</u> producing plasma televisions.

(多くの企業はプラズマテレビの製造に向けて<u>動き出している</u>。)

38-3 **form a capital and operational alliance**
資本・業務提携を結ぶ

Toyota will <u>form a capital and operational alliance</u> with Tesla.

(トヨタはテスラと<u>資本・業務提携を結ぶ</u>だろう。)

38-8 **pact** 条約(**treaty**)、協定(**agreement**)

Japan concluded a peace <u>pact</u> with the United States of America.

(日本は米国と平和<u>条約</u>を締結した。)

保護技術の面でさらに強みを増すだろう」、と述べた。

(2010 年 5 月 24 日)

●●●●●●●●●●●●●●●●●●●●●●●●●●●●●●

38-10 **stake**　株、持ち株

Toyota is going to have a stake of about 3% as a result of this tie-up.

(トヨタは、この提携の結果、約 3 ％の株を保有することになるだろう。)

38-13 **task force**　特別委員会、専門調査団

We set up a task force in carrying out our project.

(我々はプロジェクトの遂行に当たり、特別委員会を結成した。)

38-13 **hammer out ~**　〈案などを〉苦心して考え出す、〈問題などを〉頭をしぼって解く

The government hammered out a policy to combat the economic downturn.

(政府は経済不況に対処する政策を苦心して考え出した。)

38-19 **launch ~**　~を始める、~に着手する

He launched a new enterprise.

(彼は新しい事業に着手した。)

38-20 **be projected at ~**　〜と見積もられている
Initial output is projected at about 20,000 units.
（当初の生産高は約 20,000 台と見積もられている。）

38-23 **full-fledged**　〈鳥が〉羽毛の生えそろった、立派に一人前になった、完全な
Toyota launched full-fledged production of electric cars.
（トヨタは電気自動車のフル生産を開始した。）

40-1 **advanced green technology**　高度環境保護技術
Japan is well known for its advanced green technology.
（日本は高度環境保護技術でよく知られている。）

●●●●●●●● 関　連　設　問 ●●●●●●●●

問題1 トヨタとテスラは何をするために、どういう提携を結ぶのでしょうか？

この問いに答えるためには、第1段落の以下の部分に注目。
"form a capital and operational alliance... and manufacture electric cars."
（電気自動車を共同で開発・製造するために資本・業務提携を結ぶ。）

問題2 この提携には、具体的にどういうものが含まれるのでしょうか？

この問いに答えるためには、第4段落の以下の部分に注目。
"also cover the development of components and a production system"
（構成部品および生産システムの開発も含まれる。）

43

問題3 テスラが開発している電気自動車はどこで生産されていますか？

この問いに答えるためには、第5段落の以下の部分に注目。

"Tesla will purchase... Model S car that Tesla is developing"

(テスラは、NUMMIのカリフォルニア工場の敷地の一部を購入する予定。トヨタとテスラは同工場を利用して、"Model S"電気自動車の生産を開始する計画。)

問題4 トヨタと日産とでは、どちらがアメリカで電気自動車の分野で進んでいるか？

この問いに答えるためには、第6段落の以下の部分に注目。

"Toyota... in the field. Nissan... production of electric cars in the U.S. this month."

(トヨタは、その分野では、ライバル社に遅れをとっている。例えば、日産自動車は、今月[既に]米国で電気自動車のフル生産を開始する計画だ。)

Front /
News Focus

重要用語説明および背景説明

38-見出し **Tesla (Tesla Motors Inc.)** テスラモーターズ（電気自動車メーカー）

2003年設立、本社：米国カリフォルニア州パロアルト、取締役会長・最高経営責任者：イーロン・マスク

38-16 **New United Motor Mfg. Inc. (NUMMI)**

ニュー・ユナイテッド・モーター・マニュファクチャリング社（NUMMI）

は、トヨタと米国ゼネラルモーターズ（GM）との（元）合弁企業。NUMMIは、GMが閉鎖した旧フリモント工場を利用してトヨタとGMが折半出資して設立した合弁工場。1984年12月からトヨタブランドの「カローラとタコマ」とGMブランドのポンティアック「バイブ（カローラの双子車）」を生産。

(http://hakuzou.at.webry.info/200907/article_3.html) より

38-17 **joint venture** 合弁会社

合弁会社とは、複数の企業の共同出資により設立された会社のことである。企業が海外で事業展開する場合に株式の100％所有によって経営の完全支配の形態をとらないのは、当該国の法律的強制、資本進出先の住民感情への配慮、優遇税制による節税等の理由から。

(http://www.kyss3.com/biziinesword/syoho31.html)「ビジネス用語の豆辞典」より

Column

　「英語は好きだが、政治や経済、外交等時事問題には興味がもてない」と言う人が多いようです。もしそうであれば、「英語力」はある一定のところで止まり、それ以上はのびません。実社会で英語を使って仕事をしている外交官や官僚、ビジネスマンやジャーナリスト等は話題が豊富です。どんな人とでも、どんな話題になっても話ができます。円滑なコミュニケーションのためには、語学力はもちろん、幅広い知識と教養が必要です。普段、偉そうなことを言っていても、いざ外国の知識人と英語で話をする段になると「黙る」人がいます。「語学力」だけの問題ではありません。日常生活の中での情報は、新聞や雑誌、テレビのニュース等から入ってきます。そういう情報を得ることなく、人と知的なコミュニケーションはできません。「ことば」は、コミュニケーションの手段であり目的ではありません。もちろん、「ことば」ができなくては話にならないわけですが、大事なのはその中身です。日頃から新聞等を読み、時事問題に強くなることが不可欠でしょう。「日経ウィークリー」を読み、英語力をつけ、時事問題に敏感になることは、まさにラテン語でいうところの "*sine qua non*"（必須条件）です。

Front / News Focus 2

Kan must reverse Hatoyama's errors

① New prime minister will have to fill cabinet with ministers who can govern, restore public trust.

② <u>Incoming</u> Prime Minister Naoto Kan must learn from the <u>missteps</u> of his <u>predecessor</u>, Yukio Hatoyama, who <u>squandered</u> overwhelming public support by letting DPJ power broker Ichiro Ozawa <u>pull his strings</u>.

③ After his <u>Democratic Party of Japan</u> won last August's lower house election, Hatoyama <u>stepped into</u> office and immediately began <u>rolling out</u> costly policies designed to please voters. Never mind that the funds just were not there. Ozawa's influence as the party's <u>supreme campaign operative</u> was evident.

④ In light of his predecessor's disastrous performance, Kan bears the responsibility of <u>setting up a cabinet</u> capable of governing and restoring the trust of a <u>disenchanted</u> public.

⑤ Hatoyama's <u>short-lived</u> government lasted only eight and a half months. He was forced to resign for failing on a promise to relocate U.S. Marine Corps Air Station Futenma out of Okinawa Prefecture. When the end of May – Hatoyama's self-imposed deadline to come up with a plan – <u>rolled around</u>, he instead did an <u>about-face</u>. That prompted the Social Democratic Party's departure from the ruling coalition.

⑥ In addition, money scandals <u>ensnared</u> Hatoyama and Ozawa, <u>driving up</u> public discontent.

⑦ Eliminating Ozawa's influence is crucial; Hatoyama, who was also DPJ president, <u>relegated</u> all party management to his No. 2. Despite pledging that his cabinet's policy decisions would be <u>free of</u> party influence, Hatoyama allowed Ozawa to interfere with its decision-making.

(June 7, 2010)

2　菅は鳩山の失策を翻せ

① 新総理は、[先ずは]国が統治できて、そして国民の信頼を取り戻せるような閣僚を起用して、組閣しなければならないだろう。
② 菅直人新総理は、前任者の鳩山由紀夫の失策（教訓）から学ばなければならない。鳩山前総理は、民主党のパワーブローカー（最高実力者）、小沢一郎に陰で党運営を任せたこと[つまり、権力の二重構造]によって圧倒的な国民の支持を失った。
③ 民主党の昨年8月の衆議院[総]選挙圧勝後、鳩山は総理に就任――そして、直ちに犠牲の大きい、金のかかる政策を朗々と言い始めた。有権者に迎合するためだった。財源については心配に及ばない。民主党の最高実力者（「最高選挙戦指揮官」）としての小沢の影響力は明白だった。
④ 菅総理は、前任者（鳩山総理）のぶざまなパフォーマンスに鑑みて、[先ずは]国が統治できて、そして[鳩山に]失望した国民の信頼を取り戻せるような内閣を組織する責任を負っている。
⑤ 鳩山短命政権は、わずか8カ月半しか続かなかった。総理は沖縄の米海兵隊普天間飛行場の県外移設の公約を守れなかったために辞任に追い込まれた。5月末、つまり、鳩山総理が自ら定めた[普天間基地移設に関する]計画案提示の最終期限が迫ると、総理は急遽180度の方針転換をした。それが社民党の連立政権離脱を招いた。

⑥ それに加えて、カネにまつわるスキャンダルが鳩山と小沢を陥れ、国民の不満を募らせた。
⑦ 小沢の影響力排除は、[鳩山政権にとって]極めて重要だ。民主党代表でもあった鳩山は、党運営を全てNo.2（幹事長）に委ねた。鳩山内閣の政策決定は、党の影響を受けないと約束したにもかかわらず、鳩山は小沢が意思決定に口出しすることを許した。

(2010年6月7日)

●●●●●●● 重要単語・熟語と例文 ●●●●●●●

(頁-行)

46-3　**incoming**　入ってくる、次に来る、後任の

反対語は **outgoing**

The incoming president of our company is Mr. Taro Yamada.

(わが社の次期社長は山田太郎である。)

46-4　**missteps**　失策、過失

Kan must learn from missteps of Hatoyama.

(菅は鳩山の失策から学ばなければならない。)

46-4　**predecessor**　前任者

Prime Minister Kan's predecessor is Yukio Hatoyama.

(菅総理の前任者は鳩山由紀夫である。)

46-4　**squander**　〈カネ・時間・精力などを〉〔…に〕浪費する、無駄にする、失う

He squandered his inherited wealth through unwise business decisions.

(彼は事業に失敗し相続した財産を無駄にした。)

46-6　**pull (his/the) strings**　(裏で、あるいは陰で) 操る、糸を引く

Ozawa is pulling the strings of the Democratic Party of Japan (DPJ).

(小沢は民主党の党運営を陰で操っている。)

46-8　**step into ~**　~に就任する

Hatoyama stepped into office.

(鳩山は総理に就任した。)

「総理」ということばは入っていないが、本文の文脈からこのよ

うになる。

46-9 **roll out ~** 　〜を重みのある声で（よどみなく）言う、朗々と言う

He <u>rolled out</u> his words in the meeting.
(彼はその会議で<u>荘重な声でことばを述べた</u>。)

46-10 **supreme campaign operative** 　最高実力者（「最高選挙戦指揮官」）

Ozawa is a <u>supreme campaign operative</u> in the Democratic Party of Japan (DPJ).
(小沢は民主党の<u>最高実力者《「最高選挙戦指揮官」》</u>である。)

46-14 **disenchant** 　〈人に〉幻滅を感じさせる。〈人を〉失望させる

He <u>disenchanted</u> many voters in the upper house election.
(彼は参議院選挙で多くの有権者を<u>失望させた</u>。)

46-15 **short-lived** 　短命の、一時的な

Hatoyama's <u>short-lived</u> government is now over with his sudden resignation.
(鳩山<u>短命</u>政権は、今、彼の突然の辞任をもって終わった。)

46-19 **~ roll around** 　〜が近づいて来る、〜が迫る

When the deadline <u>rolled around</u>, he made a difficult decision.
(その締め切りが<u>近づいて来る</u>と、彼は難しい決断を下した。)

46-20 **about-face** 　（主義・態度などの）180度的転換、転回（転向）

Hatoyama did an <u>about-face</u> in his security policy.
(鳩山は安全保障政策において<u>180度的</u>政策転換をした。)

46-22 **ensnare ~**　〈人・動物を〉わなにかける、～をだます（beguile）

The DPJ ensnared many voters after the lower house election last year.
（民主党は昨年の衆議院選挙後、多くの有権者をだました。）

46-23 **drive up ~**　〈物価などを〉吊り上げる、～を高める、～を募らせる

Money scandals in politics are driving up public discontent.
（政治におけるカネをめぐるスキャンダルは国民の不満を募らせている。）

46-25 **relegate**　（決定・処分を）～に委ねる、～に委譲する

Hatoyama relegated all party management to Ozawa.
（鳩山は党運営を全て小沢に委ねた。）

46-27 **free of ~**　～がなくて、～を免れて、～を受けない

Hatoyama promised that his cabinet would be free of party influence.
（鳩山は、自分の内閣は政党の影響を受けないと約束した。）

関 連 設 問

問題1 新総理は前総理がしたことを受けて、まず何をしなければならないのでしょうか？

この問いに答えるためには、第1段落から第2段落の以下の部分に注目。

"New prime minister ... Incoming Prime Minister ... his predecessor ... public support ... ."

(新総理は、[先ずは] 国が統治できて、そして国民の信頼を取り戻せるような閣僚を起用して、組閣しなければならないだろう。菅直人新総理は、圧倒的な国民の支持を失った前任者の鳩山由紀夫の失策〈教訓〉から学ばなければならない。)

問題2 鳩山は何故辞任に追い込まれたのでしょうか？

この問いに答えるためには、第5段落の以下の部分に注目。

"forced to resign... Marine Corps Air Station Futenma out of Okinawa Prefecture."

(沖縄の米海兵隊普天間飛行場の県外移設の公約を守れなかったために辞任に追い込まれた。)

問題3 小沢の影響力排除は極めて重要と言いながら、鳩山は小沢に何をしたのでしょうか？

この問いに答えるためには、第7段落の以下の部分に注目。

"Hatoyama... to his No.2. Despite pledging... to interfere with its decision-making."

(鳩山は、党運営を全て No.2〈幹事長〉に委ねた。鳩山内閣の政策決定は、党の影響を受けないと約束したにもかかわらず、鳩山は小沢が意思決定に口出しすることを許した。)

重要用語説明および背景説明

46-7　The Democratic Party of Japan (DPJ)　民主党

新党さきがけ代表幹事だった鳩山由紀夫は、1996年、新党の結成を模索。同年9月28日、民主党を結成。「市民が主役」をキャッチフレーズに、霞が関の解体、行革による民中心の政治を主唱し、1996年10月の衆議院総選挙では、52議席を獲得、民権政治の中心的存在として注目を集めた。1999年秋に党の代表選挙が行われ、鳩山由紀夫が選出された。2000年の第42回総選挙では、野党第一党として現有議席30以上超える127議席を獲得。2002年12月、鳩山辞任を受けて行われた代表選で、菅直人が返り咲いた。2003年9月、小沢一郎党首率いる自由党と合併、新しい民主党となる。2009年の総選挙では300議席を超える圧勝で、初めての単独過半数を獲得した。

（「現代用語の基礎知識 2010」より抜粋）

46-13　set up a cabinet　組閣する

組閣とは、国会で指名を受けた新首相が内閣を組織すること。衆参両院本会議の首相指名選挙後、首相は組閣本部を設置。閣僚の選考が終わると、内定者を首相官邸に呼び込み、新官房長官が閣僚名簿を発表する。皇居で首相の親任式と閣僚の認証式を経て、新内閣が正式発足する。閣僚の選考は首相の専権事項。憲法68条は首相が閣僚を任免すると定めている。

（「日本経済新聞」2010年6月4日版より抜粋）

Column

　「メディア英語」「時事英語」を習得するには、日本語の新聞を読むことも不可欠です。新聞を毎日読めば、視野が広がり、知識も深まります。「新聞嫌い」な人は、日本語の新聞（特に、政治・経済関係の記事）を読んでも、内容が理解できない―あるいは、興味がもてないから読みません。だが、内容が理解できなくても、毎日読み続ければ、次第に理解できるようになります。新聞を読み、テレビのニュースを見れば、世の中の動きがわかってきます。日本語の新聞と英字新聞の関連記事を比較しながら読めば、なお一層理解しやすくなります。「日経ウィークリー」を読み、「メディア英語」に親しみ、実社会で役立つ「実践英語力」の向上に努めましょう。「日本経済新聞」と併用すれば、効果はさらに大きくなることでしょう。

Chapter 5

Business Beat 1 **JFE bullish on future of emerging markets**

① JFE Holdings Inc. will spend about 700 billion yen over the next two years to expand its operations in emerging nations, taking stakes in businesses that supply local markets, The Nikkei learned.

② This follows a roughly 290 billion yen investment in fiscal 2009, bringing the three-year total to around 1 trillion yen, roughly the same as the amount spent in the three years through fiscal 2008 - a period of economic expansion.

③ Some 90% of the fiscal 2010–2011 investment will go toward its steel business, mainly to secure customers in emerging nations. JFE is in talks to take a roughly 10% stake in India's JSW Steel Ltd., with which it formed a partnership last November. They will consider jointly building an integrated steel mill in the future.

④ The Japanese firm has already decided to acquire a 24% interest in Pancheng Yihong Pipe Co., a Chinese manufacturer and seller of seamless pipe.

⑤ JFE has gained access to overseas customers by investing in local steel processing firms. It sells base materials and licenses technologies to these companies. The Japanese steelmaker already holds an 8% stake in Vietnamese steel pipe maker Sun Steel Joint Stock Co. and a 3% interest in Malaysian steel sheet processor Mycron Steel Bhd.

⑥ The firm has posted workers to Africa and the Middle East on long-term assignment to find capital tie-up partners.

1 JFEが新興市場の先行きを楽観視

① JFEホールディングス株式会社は、今後2年間に約7,000億円を投資して新興国での事業を拡大し、現地の供給業者に資本参加する意向であることが日本経済新聞社の調べで分かった。

② 既に、JFEは2009年度に約2,900億円を投資しており、3年間の投資総額は1兆円規模に達する。これは、景気拡大期だった2008年度までの3年間に投資した額にほぼ匹敵する。

③ 2010—2011年度の投資額のうち、約90%は同社の鉄鋼部門に回され、主に新興国の顧客確保を目指す。JFEは、昨年11月に提携を結んだインドのJSWスチール社に約10%の資本参加を目指して交渉中である。両社は将来、一貫製鉄所を共同で建設することを視野に入れている。

④ JFEは中国でシームレス管の製造、販売を行っている攀成伊紅石油鋼管有限責任公司の株式24%を取得することを既に決めている。

⑤ JFEが海外の顧客を獲得できたのは地元の鉄鋼加工業者に投資したからだ。同社はそれらの業者に素材を販売し、技術使用権を供与している。JFEは既にベトナムの鋼管製造業者サン・スチール・ジョイントストック社の株式8%とマレーシアの鋼板加工業者マイクロン・スチール・Bhd社の株式3%を各々所有している。

⑥ JFEはアフリカや中東に社員を長期派遣して資本提携先を探している。

⑦ In South America, the Japanese steelmaker is conducting market research, <u>with an eye toward</u> increasing sales of steel products used in automobiles and mining equipment.

⑧ <u>On the domestic front</u>, it will <u>raise</u> its crude steel <u>output capacity</u> to 33 million <u>metric tons</u> per year by fiscal 2011, up about 10% from fiscal 2007. JFE will <u>bolster</u> capacity for making high-grade container steel at a facility in Hiroshima Prefecture to tap growing Asian demand..

(June 7, 2010)

重要単語・熟語と例文

(頁-行)

54-見出し **bullish** 楽観的な、強気な

I wonder why he remains <u>bullish</u> about his future success.

(なぜ彼は将来の成功について<u>強気</u>でいられるのだろうか。)

54-見出し **emerging markets** 新興(国)市場

Exporting firms are enjoying a growing demand in <u>emerging markets</u>.

(輸出企業は<u>新興市場</u>の需要増加で潤っている。)

54-2 **operation** 事業、操業

The new factory will start full-scale <u>operations</u> in March.

(新工場は3月に本格<u>操業</u>を始める予定だ。)

54-3 **stake** 出資金、株式

Employees can buy a <u>stake</u> in the company they work for.

⑦　南米では、JFE は自動車や採掘機器用の鋼製品の販売拡大を見越して、市場調査を行っている。

⑧　国内においては、JFE は 2011 年度までに粗鋼の年間生産能力を 3,300 万トンに引き上げる。これは 2007 年度に比べておよそ 10%の増加である。同社は広島県にある高級コンテナ用鋼生産設備の生産能力を強化して、拡大しつつあるアジア向け需要に対応する予定である。

(2010 年 6 月 7 日)

●●●●●●●●●●●●●●●●●●●●●●●●●●●●●●

(従業員は自社株を購入することができる。)

(関連語)　**equity stake**　（企業の合併や提携における）株式保有比率

Company A has acquired a 20% equity stake in Company B.

(A 社は B 社の株式 20%を取得した。)

(言い換え)　**stake** や **equity stake** の代わりに、株式という意味をもつ **interest** を使うこともできる。

54-11　**be in talks**　交渉中で

Two local universities are in talks about merging within three years.

(地方大学 2 校が 3 年以内の統合を目指して交渉中である。)

54-18　**gain access to**　～へのアクセスを得る、利用できる

You have to input your password to gain access to our database.

(我々のデータベースを利用するには、パスワード入力が必要だ。)

54-19 **license technologies to** 　～に技術ライセンスを供与する。

The researchers are willing to license their technologies to startup companies.
(その研究者たちは新興企業への技術供与を望んでいる。)

54-24 **post** 　～を派遣する、配属する

The construction company posted a technician to cope with troubles.
(建設会社はトラブルに対処するために技術者を派遣した。)

54-25 **on long-term assignment** 　長期の任務で

My supervisor stays in India on long-term assignments.
(私の上司は長期の任務でインドに滞在している。)

54-25 **capital tie-up partner** 　資本提携先

The foreign-affiliated company is seeking a capital tie-up partner in Japan.
(その外資系企業は日本で資本提携先を探している。)

56-2 **with an eye toward** 　～を見越して、視野に入れて

With an eye toward the aging society, I will launch a new business.
(高齢化社会を見越して、私は新規事業を立ち上げる。)

56-4 **On the domestic front** 　国内では、国内事情に関しては

The new administration has many urgent tasks on the domestic front and abroad.
(新政権は国内外にたくさんの緊急課題を抱えている。)

56-4 **raise output capacity** 　（最大）生産能力を高める

The technology raised the output capacity of the

entire auto industry by 30%.
(その技術は自動車産業全体の生産能力を30%高めた。)

56-6 **bolster** 強化する、改善する

Yen's depreciation will bolster the earnings prospects for electronics makers.
(円安で電子機器メーカーの収益見込みは改善するだろう。)

関連設問

問題1 JFEは新興国において3年間で約1兆円の投資を行う計画ですが、計画初年度に実際に投資した額はいくらでしょうか？

この問いに答えるためには、第2段落の以下の部分に注目。

"This follows a roughly 290 billion yen... around 1 trillion yen"
(すでに、JFEは2009年度に約2,900億円を投資しており、今回の計画によって3年間の投資総額は1兆円規模に達する。)

問題2 JFEによるJSWスチール社への資本参加が実現したら、どのような共同事業を行う可能性がありますか？

この問いに答えるためには、第3段落の以下の部分に注目。

"They will consider jointly building an integrated steel mill in the future."
(両社は将来、一貫製鉄所を共同で建設することを視野に入れている。)

問題3 JFEが南米で市場調査を行なっている理由は？

この問いに答えるためには、第7段落の以下の部分に注目。

"the Japanese steelmaker... in automobiles and

60

mining equipment."
(JFE は自動車や採掘機器用の鉄鋼製品の販売拡大を見越して、市場調査を行っている。)

重要用語説明および背景説明

54-1 **JFE Holdings Incorporated**（JFE ホールディングス株式会社）

2002年9月に日本鋼管と川崎製鉄が経営統合して誕生した持ち株会社。この統合の背景には、国内鉄鋼需要の低迷に加え、日産自動車など大口需要家がコスト削減のために調達先を業界最大手の新日本製鉄へと絞り込んだことに対する焦りがあったとされる。さらに、JFE が新興市場への進出を急ぐ背景には、韓国最大の高炉メーカーであるポスコが中国やインド、ベトナムなどアジア各国で一貫製鉄所の建設を積極的に進めているという事情がある。これらの新興市場では、自動車用鉄製品の需要増を見込んだ高炉メーカーの競争が激化している。

(関連語) **holding company**（持ち株会社）
傘下にある会社の株式を保有して経営を支配する会社。

54-3 **The Nikkei learned**（日本経済新聞社の調べで分かった）
情報提供者が新聞記事の中で自分の身元を明らかにされたくない時や、新聞社が独自の調査結果を公表する時に、learned（分かった）という表現が使われる。

54-13 **integrated steel mill**（一貫製鉄所）
高炉（blast furnace または shaft furnace）という製鉄用の溶解炉で鉄鉱石（iron ore）から鉄を取り出し、転炉（revolving furnace または steel converter）で不純物（impurity）を取り

除き、鋳造工程（casting process）を経て最終製品（finished products）の生産までをすべて行う大規模製鉄所のこと。高炉を所有する鉄鋼会社を特に高炉メーカー（integrated steel manufacturer）という。

56-5 **metric ton**（メートル法に基づくトン、1,000kg）

重さの単位であるトンは、メートル法に基づくことを明記しないと誤解を招く。アメリカでは2,000ポンド（907.184kg）を表すので、short tonと呼ばれることもある。さらに、イギリスではlong ton（2,240ポンド＝約1,016kg）という独自の単位もある。

（背景知識）**stock**（株、株式）

stockは集合名詞（可算名詞扱い）で、一つの会社の所有権を意味しているため、「A社の株が200円に値上がりした」と言う時は"The stock of Company A rose to ¥200"と単数形で表す。一方、stockを分割して株式売買の対象にする場合はshareを使い、「A社の株100株」と言う時には"100 shares of the stock of Company A"のように表す。

Column

　英語を公用語とする日本企業が増えています。衣料品チェーン「ユニクロ」のグローバル展開を目指しているファーストリテイリングでは、2012年度までに社内で英語を公用語化します。さらに、ネット通販の楽天も、2012年度末までに英語公用語化を完了する方針です。ビジネスの国際化と社員の英語力強化は切り離せない問題です。

Business Beat 2

Japanese firms actively recruiting foreigners

① Panasonic Corp., Mitsubishi Heavy Industries Ltd. and <u>a host of</u> other big companies are recruiting foreigners <u>in droves</u> for key positions in development, design and sales.

② Panasonic intends to <u>ramp up</u> hiring of <u>non-Japanese</u> across the entire group by 50%, to 1,100, by next spring. From this fiscal year, some will be placed on <u>executive tracks</u> and will <u>undergo</u> up to two years of training in Japan.

③ The electronics manufacturer plans to launch lower-priced items for the <u>middle classes</u> in India and China. <u>With this in mind</u>, it is hiring engineers who <u>are engaged in</u> development and design in those nations.

④ Mitsubishi Heavy plans to hire some 4,000 foreigners at overseas group companies over the next five years, bringing the total of such workers to 15,000 in fiscal 2014. With a focus on power generation and air conditioning, the company will recruit engineers and factory workers. It aims to double overseas production to hike <u>the proportion of orders from abroad</u> to 63% in fiscal 2014, up from 49% at present.

⑤ <u>Top Japanese firms</u> had been hiring foreigners mainly for local factory and office work. Hiring by strategic divisions was rare because of <u>differences with</u> headquarters in terms of <u>benefits</u>, wages and other factors.

Local flavor

⑥ However, local engineers are indispensable for developing products with designs and specifications geared to local markets.

⑦ In China, Daikin Industries Ltd. will hire 160 workers by

2 日本企業が外国人を積極的に採用

① パナソニック株式会社、三菱重工業株式会社など多くの大手企業が多数の外国人を開発、設計、販売の要職に採用している。

② パナソニックはグループ全体の外国人採用数を来春までに50%増やして1,100人にする計画である。今年度から数人が幹部候補に選ばれて、最長2年間の研修を日本で受ける予定だ。

③ パナソニックはインドや中国の中流層向けに、今より低価格の商品を発売する計画だ。そのため、同社は両国で開発や設計を行なっている技術者を採用する。

④ 三菱重工業は海外のグループ企業で今後5年間におよそ4,000人の外国人を採用して、2014年度には現地採用の外国人従業員を総計15,000人にする。同社が重点を置くのは発電と空調設備であるため、技術者と工場労働者の採用を予定している。三菱重工業は海外での生産を倍増して、海外受注率を現在の49%から2014年度には63%にまで引き上げることを目指す。

⑤ かつて、日本の主要企業は外国人を主に現地の工場や事務職に採用していた。経営戦略部門での採用がまれだったのは、給与外の特別待遇や賃金などの条件について本社と意見の相違があったからだ。

地域の特色
⑥ しかし、現地市場に適するデザインや仕様を開発するためには、現地の技術者が不可欠だ。

⑦ ダイキン工業株式会社は中国で年末までに160人を採用して、

the end of the year to develop air conditioners, bringing its total staff there to 200. The company aims to <u>move away from</u> its current setup of developing China-bound models and then changing their <u>specifications</u> to fit the market in Japan.

⑧ Toyo Engineering Corp., meanwhile, will recruit around 170 regular engineers and other workers in India. The company generated some 70% of sales abroad last fiscal year. By beefing up benefits and offering other <u>sweeteners</u>, it has been able to secure <u>top-flight</u> engineers for designing plants for India and the Middle East. As of next spring, foreigners will account for 85% of group hires.

⑨ Fast Retailing Co. will devote half of the roughly 600 slots it has allocated for new college graduates to foreigners.

(June 21, 2010)

重要単語・熟語と例文

(頁-行)
62-1~2 **a host of** 多数の、たくさんの

She has overcome a host of challenges to become an astronaut.

(彼女は宇宙飛行士になるためにたくさんの試練を乗り越えてきた。)

62-2 **in droves** 大挙して、続々と

Customers lined up in droves to buy the new smartphone.

(新型のスマートフォンを買うために客が続々と列に並んだ。)

62-4 **ramp up** 増強する、加速する

Automakers are ramping up the development of electric vehicles.

(自動車メーカーは電気自動車の開発を急いでいる。)

エアコンの開発を行なう。新規採用の結果、同社の現地スタッフ総数は200人に達する。ダイキンは既存の中国用モデル開発体制に見切りをつけて、日本市場に適した仕様に変更する予定だ。

⑧　一方、東洋エンジニアリング株式会社はインドで技術者などの常勤労働者をおよそ170人採用する。同社は昨年度の売上のうち約70％を海外で獲得した。同社では給与外の特別給付など魅力的な採用条件を強化したので、インドや中東向けのプラント設計を行なう優秀な技術者を確保することができた。来春には、系列企業による採用者の85％を外国人が占めることになる。

⑨　株式会社ファーストリテイリングはおよそ600人の大学新卒者採用枠のうち半分を外国人に与える予定だ。

(2010年6月21日)

●●●●●●●●●●●●●●●●●●●●●●●●●●●●●●●

62-6 **executive track**　管理職コース、エリートコース

The news article featured young women on executive track.

(その新聞記事はエリートコースを歩んでいる若い女性を特集していた。)

62-7 **undergo**　(試練などを) 受ける、経験する

Many realtors underwent a serious business slump in the 1990's.

(多くの不動産業者は1990年代に深刻な事業不振を経験している。)

62-9 **With ~ in mind**　～に留意して、～を考慮して

This facility was designed with elderly users in mind.

(この施設は高齢の利用者を考慮して設計された。)

62-10 **be engaged in**　〜に従事している、携わっている
I have been engaged in public relations activities for 30 years.
（私は広報業務に30年間携わっている。）

62-19 **top firms**　一流企業、主要企業
My cousin is looking only for jobs at top firms.
（私のいとこは一流企業の仕事だけを探している。）

62-21 **differences with**　〜との意見の相違
The musicians quit over differences with their bandleader.
（バンドリーダーとの意見の食い違いでそれらのミュージシャンが辞めた。）

62-22 **benefits**　給与以外の特別待遇、特別給付
This promotion ensures her a lot of benefits including stock options.
（今回の昇進で、彼女はストックオプションなど多くの特別待遇を受ける。）
（関連語）**fringe benefit**　（給与以外の）諸手当、付加給付。保険給付や年金なども含まれる。

62-24 **local flavor**　地方色、地域の特色
The article discusses the local flavor of European menswear.
（その記事はヨーロッパにおける紳士服の地方色について論じている。）

64-2 **move away from**　手を引く、見切りをつける
The company moved away from the film industry and started an agribusiness.

(その会社は映画産業から手を引いて農業関連ビジネスを始めた。)

64-4 **specification** 仕様、規格

The racing team received a penalty for the violation of engine specifications.

(そのレーシングチームはエンジンの仕様違反でペナルティーを受けた。)

64-8 **sweetener** 魅力を高めるもの、付加価値を与える材料

Another sweetener is necessary to stimulate the lackluster economy.

(低迷する景気を刺激するためには、さらに魅力を高めるものが必要だ。)

64-9 **top-flight** 一流の、優秀な

Students'academic abilities are falling even among top-flight universities.

(学生たちの学力は一流大学でさえ低下している。)

関 連 設 問

問題1 パナソニックがインドと中国で採用する外国人スタッフが開発を担当するのはどのような商品でしょうか？

この問いに答えるためには、第2段落の以下の部分に注目。

"The electronics manufacturer ... middle classes in India and China."

(パナソニックはインドや中国の中流家庭向けに、今より低価格の商品を発売する計画だ。)

問題2 日本企業の経営戦略部門で、外国人の採用が少なかった理由は何でしょうか？

この問いに答えるためには、第5段落の以下の部分に注目。

"Hiring by strategic divisions... wages and other factors."

(経営戦略部門での採用がまれだったのは、給与外の特別待遇や賃金などの条件について本社と意見の相違があったからだ。)

問題3 東洋エンジニアリングの系列企業が春に採用する人員のうち、外国人の占める割合は？

この問いに答えるためには、第8段落の以下の部分に注目。

"As of next spring, foreigners will account for 85% of group hires."

(来春には、系列企業による採用者の85%を外国人が占めることになる。)

重要用語説明および背景説明

62-見出し **foreigners、non-Japanese**（外国人）

どちらの語句も外国人を表すが、わざわざ言い換えるのには理由がある。実は、英字新聞の記者は同一記事の中で同じ単語やフレーズを何度も繰り返して用いることをなるべく避けて、別の言葉に置き換えるように心がけている。それができなければ、記者の表現力の乏しさを疑われるからだ。この記事には他にもたくさんの言い換え表現が使われている。例えば、recruit（採用する）と hire（雇う）、ramp up（増強する）と hike（引き上げる）と beef up（強化する）などが簡単に見つかる。このような言い換え表現に注意して The Nikkei Weekly を読めば、自分自身の英語表現力の幅を広げることができるので、ぜひとも心がけて欲しい。

62-9 **middle classes**（中流層）

中流層とは所得水準が富裕層と貧困層の中間にある階層。日本では中流層の年収水準について諸説あるが、一般に500万円～900万円の世帯とされ、全世帯の消費支出の4割を占めるという。長引く不況や企業による賃金カットのせいで、日本国内ではこれら中流層の縮小が続いている。対照的に、インドや中国などでは、好景気が続いて中流層が拡大傾向にある。

62-17 **the proportion of orders from abroad**（海外受注率）

企業の総受注額に占める海外受注額の割合。日本企業は中流層の地盤沈下で国内需要が今後さらに冷え込むことを見越して、代わりに海外での受注を増やそうと必死である。

Column

　日本企業が外国人の採用を拡大している背景には、政府の積極的な後押しがあります。近年、外国資本が相次いで日本から撤退し、シンガポールなど他のアジア諸国に生産や研究拠点を移す動きが活発化しているため、危機感を抱き始めた政府がようやく重い腰を上げ始めたのです。外国企業や外国人労働者が日本や日系企業で活動しやすいように、税の特別優遇制度や入国手続きの簡素化を進めています。しかし、シンガポールや韓国など、日本に先んじて優遇策を講じている国や地域も少なくないため、外国資本をすぐに日本に呼び戻せるかどうかは不透明です。

Business Beat

Chapter 6

Asia
1 Singapore hosts China, India

① SINGAPORE–The possibility has emerged that political and financial <u>authorities</u> from China and India could gather in Singapore as early as next year to discuss strengthening <u>bilateral cooperation</u>, former Singaporean Prime Minister Goh Chok Tong clarified during a recent visit to India.

② The plan is for a large-scale conference between the two Asian powers to be hosted by a third country. Goh said he is slated to be one of the speakers, suggesting that plans have begun to materialize. That the former premier <u>went public</u> with these arrangements indicates that Singapore has likely been <u>tapped</u> to play host.

③ Actually planning the high-level conference and <u>laying the necessary groundwork</u> would be the job of Singapore's state-owned investment company, Temasek Holdings (Pte.) Ltd. One of a handful of government-run investment funds in the world, Temasek has about S$130 billion (US$94.9 billion) under management <u>as of</u> the end of March 2009.

④ Temasek made its share of missteps in U.S. and European investments as a result of the financial crisis and recently set a goal of raising the proportion of <u>assets</u> in Asia (excluding Japan and Singapore) to 40% from around 30%. The largest targets for those investments are China and India, where rapid growth continues.

⑤ One can see in Singapore's interest in playing the mediator for a Sino-Indian high-level conference a desire to make its

Asia

1 シンガポール、中国・インド会談の開催国に

① シンガポール—中国とインドの政治・財政当局が来年早々シンガポールに集まって二国間協力の強化を話し合う可能性がでてきたことを、シンガポールのゴー・チョクトン前首相が先日のインド訪問時に明らかにした。

② アジアの二大国間の大規模な会議を第三国が主催するという計画である。ゴー氏は自分が議長の一人になる予定だと述べ、いくつかの計画が具体化しつつあることを示唆した。前首相がこうした準備を公表したことは、シンガポールが開催国になる可能性が高いことを示している。

③ 実際に高官会談を計画し必要な下準備をおこなうのは、シンガポールの国営投資会社、テマセック・ホールディングスになるようだ。世界有数の国営投資ファンドの一つであるテマセックの運用資産は、2009年3月末時点で約1,300億シンガポール・ドル（949億米ドル）である。

④ テマセックは、金融危機により欧米への投資で多少の失敗があり、最近になって（日本とシンガポールを除く）アジアの資産割合を約30%から40%に増やすことを目標とした。最大の投資対象は急成長中の中国とインドである。

⑤ 中国・インド間の高官会議の仲介役となるシンガポールの関心事は、将来における投資計画の誘致に対する期待のなかで、その存在感を示すことだろう。実際、ゴー氏は、「彼ら（テマセック）は自

presence felt in the hopes of attracting future investment projects. In fact, Goh said, "They (Temasek) want to <u>solidify</u> their business network."

⑥ A multinational city-state that is home to many Chinese and Indian residents, Singapore is geographically situated between China and India. It is also at the strategic center of the Association of Southeast Asian Nations, or <u>ASEAN</u>, which has a <u>free trade agreement</u> with both countries. Its strategy has been to capitalize on these distinctive characteristics to play an active role as a mediator between these two major nations in Asia.

⑦ With voices such as those of Singapore Minister Mentor Lee Kuan Yew growing stronger in insisting that "the vitality of China and India must be captured," Singapore is <u>in earnest</u>. Japanese companies aiming to expand business <u>dealings</u> in China and India are closely watching the movements of this Southeast Asian nation.

(May 3, 2010)

重要単語・熟語と例文

(頁-行)

70-2 **authorities** 当局

The <u>authorities</u> have struggled to deal with deteriorating public safety.

(<u>当局</u>は治安悪化への対策に苦慮している。)

70-4 **bilateral cooperation** 二国間協力

Japan should enhance <u>bilateral economic cooperation</u> with Brazil.

(日本はブラジルと<u>二国間経済協力</u>を強化すべきだ。)

70-9 **go public** ～を公にする、～を公開する

社のビジネスネットワークを強化することを望んでいる」と述べた。

⑥　多くの中国人、インド人居住者の生活拠点である多国籍都市国家シンガポールは、地理的に中国とインドの中間に位置している。また、両国と自由貿易協定を結んでいる東南アジア諸国連合（ASEAN）の戦略的中心地でもある。その戦略とはアジア二大国間の仲介役として積極的に関与し、特性を生かして利益を得ることである。

⑦　「中国とインドの活気を捕えなければならない」との主張を強めているシンガポールのリー・クァンユー顧問相などの発言をうけ、シンガポールは本格的に取り組んでいる。中国とインドでの事業拡大を目指す日本企業は、この東南アジアの国の動きを注意深く見守っている。

(2010年5月3日)

●●●●●●●●●●●●●●●●●●●●●●●●●●●●●●●●●●

The actress went public about her pregnancy.
(その女優は妊娠していることを発表した。)

70-11 **tap**　〜を指名する

The board of directors tapped the new CEO from outside.
(役員会は新しいCEOを外部から指名した。)

70-12 **lay the groundwork for**　〜の土台を築く、〜のために下準備をする

She got involved in laying the groundwork for the

establishment of the institution.
(彼女はその施設の設立準備に関わった。)

70-17 **as of** 〜の時点で、〜現在で

<u>As of</u> now, I have not received the shipment yet.
(現時点で私はまだ商品を受け取っていない。)

70-20 **asset** 資産

The bank is focusing on providing information about <u>asset</u> management.
(その銀行は資産管理の情報提供に重点的に取り組んでいる。)

72-2 **solidify** 〜を強固にする

Countries need to <u>solidify</u> a coalition to battle against global warming.
(各国が地球温暖化と戦うための連携を強化する必要がある。)

72-13 **in earnest** 真剣に

The delegates of six-party talks discussed the nuclear issue <u>in earnest</u>.
(6カ国協議の代表者たちは、真剣に核問題を議論した。)

72-14 **deal** 取引する (dealing 取引)

The company president provided thorough instruction to reduce <u>dealing</u> cost.
(社長は取引コストを下げるよう徹底した指示を出した。)

関連設問

問題 1 ゴー・チョクトン（Goh Chok Tong）前首相が最近のインドへの訪問の際、明らかにしたことは何ですか。

この問いに答えるためには、第1段落の以下の部分に注目。

"The possibility has emerged... during a recent visit to India."

（中国とインドの政治・財政当局が来年早々シンガポールに集まって二国間協力の強化を話し合う可能性がでてきたこと。）

問題 2 シンガポールの国営投資会社テマセック・ホールディングス（Temasek Holdings）が果たすべき役割は何ですか。

この問いに答えるためには、第3段落の以下の部分に注目。

"Actually planning the high level conference... Temasek Holdings (Pte.) Ltd."

（実際の高官会談の計画と必要な下準備）

問題 3 中国とインドの仲介をするシンガポールの思惑は何ですか。

この問いに答えるためには、第5段落の以下の部分に注目。

"One can see in Singapore's interest... attracting future investment projects."

（将来における投資計画の誘致に対する期待のなかで、その存在感を示すこと。）

重要用語説明および背景説明

シンガポールの人口構成

中国系75%、マレー系14%、インド系9%、その他2%からなる。この記事のテーマとなっている、BRICsのなかのアジア二カ国を出自とする人々が人口の八割以上を占めている。6月21日付"Foodies' latest find: Singapore"は、そうした中国、マレー、インドに、イギリスが融合したシンガポール料理が、東京でここ三年静かなブームになっていると報じている。アジア系ということで親しみがありながら、それでいて中国でも欧州でもない新鮮さが人気の秘密とのことである。ブームの一例として、本国では60店舗を展開する、豆乳とそのデザートを販売するMr. Beanの渋谷でのオープンが挙げられている。

72-7 **ASEAN** (Association of Southeast Asian Nations 東南アジア諸国連合)

インドネシア、マレーシア、フィリピン、シンガポール、タイ、ブルネイ、ベトナム、ラオス、ミャンマー、カンボジアで構成され、域内における経済成長、社会・文化的発展の促進、地域における政治・経済的安定の確保、域内諸問題に関する協力が目的。また、「ASEAN+3」は、ASEANが首脳レベルで日本、中国、韓国との間で東アジアにおける広範囲な分野での意見交換を行い、協力関係を強化し、地域の平和と安定を図ることが目的。

72-8 **FTA** (Free Trade Agreement 自由貿易協定)

特定の国や地域の間で、物品の関税やサービス貿易の障壁等を削減・撤廃することを目的とする協定。経済連携協定の主要な内容の一つ。経済連携協定（EPA: Economic Partnership Agreement）とは、特定の二国間または複数国間で、域内の貿易・投資の自由

化・円滑化を促進し、水際および国内の規制の撤廃や各種経済制度の調和や協力等、幅広い経済関係の強化を目的とする協定。6月28日付"Form FTAs with China, S. Korea ASAP"では、経済低迷が長引く際の欧米による保護貿易政策をにらみ、日本製品の販売促進のためには、低所得農家への補償とともに日本の農作物市場をある程度解放して、中国および韓国との自由貿易協定を結ぶことが必須であり、この三者間の強いつながりは北朝鮮に対する政治的利点にもなるとの意見が紹介されている。

===== Column =====

授業で使った際の学生さんの反応（1）台湾の西門町

4月5日付"Japanophiles thriving in Taiwan"で取り上げられた「台北の原宿」と呼ばれている「西門町」（日本のポップカルチャーが好きな若者たち「哈日族」が集まる）にOさんはよく訪れるそうです。そんな彼女は「日経ウィークリー」の記事内容への関心が英語学習の励みになり、さらに、3カ月購読で苦手意識のあった経済にも親しめるようになったそうです。

Asia

2 China, North Korea mend bridges to further trade

① HUNCHUN—There is a bridge in Jilin Province that spans the Tumen river in the city of Hunchun, linking the Chinese border post of Quanhe with North Korea. Built in 1937 by Japan during the occupation, the 500-meter bridge is showing its age. But this spring China decided to shoulder the entire cost of renovating the bridge in order to expand its trade with North Korea.

② Just 51km from the far side of bridge is the North Korean city of Rason and the port of Rajin, which faces the Sea of Japan. China does not have any territory facing the Sea of Japan, so the port of Rajin is an important base for China's expansion of trade with Japan. In addition to renovating the bridge, China also plans to extend the road to Rason.

③ One of the parties shouldering the project is the Dalian Chuangli Group, a Dalian-based private company. Chuangli plans to invest 26 million yuan ($3.8 million) and will lease one of the piers at the port of Rajin.

④ North Korea is also working to develop Rason, which at the start of this year was designated a special city. When North Korean leader Kim traveled to China in early May he visited the port area of Dalian, and it is assumed he did so to learn what he could through observation to continue with the development of Rason using foreign capital.

⑤ China selected Niigata as the location for its sixth consulate in Japan. "The point of choosing Niigata was trade across the Sea of Japan. There are high hopes for the development of Rason," explained one industry executive from China. If relations between Japan and North Korea do not improve, it

2　中国と北朝鮮が貿易促進のために橋梁を修復

① 琿春―吉林省の琿春市には豆満江に架かる橋があり、中国の国境基地である圏河と北朝鮮を結んでいる。1937年に占領中の日本により建設された500mの橋は老朽化した姿を見せている。しかし、今春中国は北朝鮮との貿易拡大のためにその橋の改修費用を全額負担することに決めた。

② 橋の対岸わずか51km先には日本海に面した北朝鮮の羅先市と羅津港がある。中国には日本海に面した領土がないので、羅津港は日本との貿易拡大の重要拠点だ。橋の改修に加え中国は羅先へ道路を通すことも計画している。

③ この計画の費用負担の担い手の一つが、大連を拠点とする民間企業、大連創立集団である。創立は2,600万元（380万ドル）を投資し、羅津港の埠頭の一つを借りる予定である。

④ 北朝鮮も今年初めに特別市に指定された羅先開発を進めている。金総書記は5月上旬の中国訪問時に大連の港湾地区を訪れた。視察を通して、外国資本を活用した羅先開発による可能性を知るためであったと考えられる。

⑤ 中国は日本における6番目の領事館を設置する場所として新潟を選んだ。「新潟を選んだポイントは日本海を横断する貿易である。羅先開発への期待は大きい」と中国のある業界幹部が説明した。日本と北朝鮮の関係が改善しなければ、対日輸出のためにその港を利用するのは難しくなるかもしれない。

may prove difficult to use that port for exports to Japan.

⑥ But at first Rason could be used as a port for trade with the Russian Far East. However, the Chinese city of Hunchun shares a border with Russia and is the site of a <u>customs house</u>. And just 63km away is the Russian port of Zarubino, which faces the Sea of Japan.

⑦ It is not clear when the development of Rason in North Korea will be completed, but trade between China, Russia and North Korea will increase via the two ports at Rason and Zarubino. And northeast China, with Dalian <u>at its core</u>, could develop into the center of a five-nation economic partnership among these three nations, Japan and South Korea.

(June 21, 2010)

重要単語・熟語と例文

(頁-行)

78-1 **span** ～にかかる

The major general contractor is building the freeway that <u>spans</u> the gorge.

(大手ゼネコンが峡谷に<u>かかる</u>高速道路を建設している。)

78-5 **shoulder the cost of** ～の費用を負担する

The carrier <u>shouldered 25% of the cost of</u> developing a new handset.

(その通信社が新しい携帯電話の開発<u>費用の 25%</u>を<u>負担</u>した。)

78-6 **renovate** ～を修繕する

The TV program shows that <u>renovating</u> houses is popular in Japan.

(そのテレビ番組は日本における家の<u>修繕</u>の流行を放映している。)

⑥　しかし初めは、羅先はロシア極東との貿易港として利用されるかもしれない。とはいえ、琿春市はロシアと国境を接する税関の所在地である。またその63km先には日本海に面したロシアのザルビノ港がある。

⑦　北朝鮮の羅先開発がいつ完了するか明らかではないが、中国、ロシア、北朝鮮間の貿易は、羅先とザルビノの二つの港によって増加するだろう。そして大連を中核とする中国東北部は、これら三国と日本および韓国間の五ヵ国経済連携の中心へと発展する可能性を秘めている。

(2010年6月21日)

● ●

78-6　**expand one's trade with**　～との貿易を拡大する
Overcoming the political conflicts, Taiwan has expanded its trade with China.
(政治的対立を乗り越えて、台湾は中国との貿易を拡大している。)

78-14　**party**　関係者
Computer trouble delayed notification to the concerned parties.
(コンピューターのトラブルにより関係者への通知が遅れた。)

78-16　**invest**　～を投資する
It has been said that Japanese companies are willing to invest in employee training.
(日本企業は社員教育への投資を惜しまないと言われてきた。)

78-19 **designate**　〜を指名、指定する
The first female prime minister was designated in Australia last month.
(先月オーストラリアで初の女性首相が指名された。)

78-24 **consulate**　領事館
There are many embassies and consulates in this area.
(この地区には多くの大使館や領事館がある。)

80-4 **customs (house)**　税関
The officer asked me to show what was inside my suitcase as I went through customs.
(税関を通るとき、係員がスーツケースの中身を見せるよう私に言った。)

80-10 **at one's core**　中核に
The new resort had at its core a big casino.
(その新しいリゾートの中核にはカジノがある。)

関連設問

問題1　中国による日本への貿易拡大のうえで、なぜ羅津港は重要なのですか。

この問いに答えるためには、第2段落の以下の部分に注目。

"the port of Rajin, which faces the Sea of Japan. ... territory facing the Sea of Japan"
(中国には日本海に面した領土がなく、羅津港が日本海に面しているため。)

問題2 金総書記が2010年5月に大連を訪問した目的は何ですか。

この問いに答えるためには、第4段落の以下の部分に注目。

"When North Korean leader Kim... using foreign capital."

(外国資本を活用した羅先開発による可能性を知るため。)

問題3 羅先の開発において中国が懸念することは何ですか。

この問いに答えるためには、第5段落の以下の部分に注目。

"If relations between Japan and North Korea... that port for exports to Japan."

(日本と北朝鮮の関係が改善しなければ、対日輸出のために羅津港を利用するのは難しくなるかもしれないこと。)

重要用語説明および背景説明

中朝関係

5月31日付 "Power games behind sinking of ship" は、韓国哨戒艦「天安」沈没事件をめぐって、新しい制裁を北朝鮮に課すことにおいて、アメリカは中国に協力は期待してないが、少なくとも邪魔しないよう願っていると報じており、中朝関係の状況を説明するうえでの一つの具体例となっている。しかし同記事は、4年と4カ月振りに金正日総書記が中国を訪問したにもかかわらず、温家宝首相は北朝鮮への追加的財政支援の要請を断ったと、中朝関係の変化も取り上げている。関連して、5月28日に中国と韓国が二国間取引に関する共同調査をまとめると確認したことも考慮すべきであろう。

(6月28日付 "S. Korea beating Japan to free trade punch")

78-1 **Hunchun**　琿春

吉林省琿春市人民政府が運営するインターネットサイトがこの地域における北朝鮮、日本、ロシアとの交易や、資源、投資環境などを地図や写真とともに掲載しており、本記事の理解の補助として役立つ。なかでも日本語版トップページには、「日本海から船を出せる唯一の中国都市」とのフレーズが刻まれている。

(http://www.searchnavi.com/~hp/hunchun/)

78-15 **Dalian**　大連

改革開放政策のもと経済産業発展を遂げ、現在、経済交流の拠点としての存在感をさらに高めている。そうしたなか、6月14日付"Dalian out to be pop-culture hub"は、大連において「ソフト」産業としてモデルスクールやアニメ産業が賑わっていると伝えている。現地モデルスクールでは韓国の最新のメイクアップ技術や日本のスキンケアも取り入れ、卒業生モデルの国外での活躍の機会が急激に増えているとのことである。また、アニメは成長が期待される分野で、イミテーション文化を越えて独創的な作品を産み出せるかがそのカギとされている。このように大連では、世界の工場やコピー文化といったこれまでの中国のイメージを塗り替える徴候を読み取ることができる。

78-16 **yuan**　元（通貨単位）

4月5日付"Yuan revaluation draws fire"は、中米関係において、ダライ・ラマ14世とバラク・オバマの対談、台湾への武器輸出、グーグル撤退後、通貨元の切り上げ（revaluation）が再び注目されていると報じた。実際この問題をめぐる経緯は本誌で追うことができる。4月12日付"China, U.S. tussle over currency"は、そのタイトルが示すように、増大する元の力に対するアメリカの懸念を紹介している。そして、4月19日付"Beijing may be ready to let yuan strengthen"によると、習近平がヘンリー・ポールソンに中国は通貨政策を変更するつもりはないと伝えており、元の安定とともに、アメリカの圧力に屈しない自国の決断を強調している。

Column

授業で使った際の学生さんの反応（2）ジェネリック医薬品分野での日本企業による中国進出に期待

　現代中国学部のＦさんは、「日経ウィークリー」の購読により、就活でビジネス英語の学習意欲をアピールでき、中国の現状に関する質問にもリアルタイムの情報で対応できたと、本誌の有用性を実感していました。そんなＦさんは、6月21日付"Low-cost method for producing Tamifulu met with indifference"を踏まえ、ジェネリック医薬品分野での日本企業による中国進出に期待しているとのことです。

Chapter 7

Technology 1

Preserving biodiversity benefits society, business, helps secure future
Exciting new tech, drug being developed from natural sources

① The vast diversity of life forms on Earth attests to life's dynamism. But species are going extinct at a rapid pace, and the importance of maintaining biodiversity is something that is gradually sinking in, at both the level of nations and of individual companies.

② The October Nagoya will host the 10th meeting of the Conference of the Parties to Diversity (COP 10). The roughly 190 countries and regions meet at COP 10 to discuss ways of further enhancing the protection of biodiversity.

③ Supplementing this effort are the actions of individual companies, which are finding that the protection of biodiversity not only contributes to society but can become a strategic part of their business operation.

④ By ensuring biodiversity, companies can ensure that there are plenty of different life forms that can be studied for a variety of applications, from engineering inspiration to direct use in medical therapies.

⑤ For Oji Paper Co., the eye of the moth provided insights that could significantly boost the efficiency of solar cells and light-emitting diodes.

⑥ Moths see well in the dark because the surface of the moth eye has a fine convex-concave structure which minimizes the reflection of light.

⑦ Oji Paper has developed a way to process plastic films with a similar structure. Such films reflect only 0.2–0.3% of light,

1 生物多様性の保護、社会とビジネスに恩恵、将来の安心促進

驚きの新技術と薬品、天然資源から開発中

① 地球上の生物の広範な多様性は、生命のダイナミズムの証となっている。しかし、生物種は急速に消滅しつつあり、生物多様性の維持の重要性をもはや看過することはできず、その重要性は国家と企業の両レベルに次第に浸透しつつある。

② 第10回多様性締約国会議（COP10）が10月に名古屋で開催。約190の国と地域がCOP10に集まり、生物多様性の保護をさらに強化する方法について議論をする。

③ この努力を補完するのは個々の企業の活動だが、企業は生物多様性の保護は社会への貢献のみならず戦略的ビジネスとなりうることを理解しつつある。

④ 生物多様性を保全することにより、企業は豊富で多様な生物を確保し、技術上のヒントから医療での直接的な利用まで多彩な応用研究が可能となる。

⑤ 王子製紙にとって、蛾の目は太陽電池と発光ダイオードの効率を高めるヒントを与えてくれるものだった。

⑥ 蛾の目の表面は細かい凹凸構造を有しており、その構造により光の反射を最小限に抑えているため、蛾は夜でもよく目が見える。

⑦ 王子製紙は同様の構造を持ったプラスティック膜を加工する技術を開発した。従来のプラスティック膜の4～5%の反射率と比較して、新しい膜の反射率は0.2～0.3%に抑えられている。

compared to the 4–5% reflectivity of regular plastic films.

⑧ Oji Paper's use of the structure of the moth eye is an example of biomimetics, and it has given the company an opportunity to cultivate business in the broad area of energy conservation.

⑨ Another example of the use of biomimetics is the competitive swimsuit developed for the Beijing Olympic in 2008 by Mizuno Corp. The company took its cue from the fast-swimming marlin to embed polymer materials in the swimsuit fabric for easier absorption of water.

⑩ "The powers which humans realize using vast amounts of materials and energy are realized by organisms just by virtue of their unique structures," noted Tohoku University Prof. Masatsugu Shimomura.

⑪ Since mid-February, Zephyr Corp. has been performance-testing its unique Airdolphin GTO wind turbine at the Wind Energy Institute of Canada on Prince Edward Island.

⑫ The Airdolphin GTO is a small wind turbine with cutting-edge design features that boost power generation by some 20%. The rudder is not fixed but instead free to swing, enabling the turbine to quickly adjust to changes in wind direction and allow unobstructed flow of air. The idea for this came to company Chairman Ryosuke Ito from the way carp use their tailfin to swim upstream

⑬ Nature also inspired the blades of the wind turbine: to reduce noise, the blades have grooves like the sings of an owl.

⑭ Meanwhile, Nissan Motor Co. is studying schools of swimming fish for hints on how to design anti-collision driving systems for cars. The company is conducting research on the movement patterns of schools, in which each fish changes speed and direction in response to the relative distances of neighboring fish in the school.

(May 31, 2010)

⑧　王子製紙が行った蛾の目の構造の利用はバイオメトリクス（生物模倣技術）の例である。バイオメトリクスの利用により同社はエネルギー保全の幅広い分野でビジネスの機会を拡大さている。

⑨　バイオメトリクスの他の例として、ミズノが2008年の北京オリンピックに際して開発した競泳用水着がある。ミズノは、水中を高速で泳ぐマカジキからヒントを得て、水分吸収を容易にするために水着の繊維に高分子重合体を埋め込んだ。

⑩　「人類が莫大な量の物質とエネルギーを使いながら獲得をしたさまざまな能力は、実際、生物のユニークな構造のおかげで実現されているのです」と、東北大学の下村政嗣教授は語った。

⑪　ゼファー社は、エアドルフィンGTOという同社のユニークな風力タービンの性能試験を、2月中旬以来、カナダのプリンス・エドワード島の風力エネルギー研究所で行ってきた。

⑫　エアドルフィンGTOは、発電効率を20%程度高める最新のデザインを特徴とする小型風力タービンだ。操舵バネは固定する代わりに自由に振れるようになっており、風の向きが変わるとそれに合わせて素早く調整することを可能にし、空気の流れの障害を防ぐ。同社の伊東良助氏は鯉が流れに逆らって泳ぐ際の尾びれからこのヒントを得た。

⑬　風力タービンの羽根も、自然からヒントを与えられている。騒音を出来る限り抑えるため、フクロウの翼が音をたてないことに着目すると、回転羽根にフクロウの翼と同様の溝を彫った。

⑭　一方、ニッサンは、遊泳する魚群の個々の魚が衝突しないことをヒントに、衝突自動回避運転システムを設計するための研究を続けている。群のなかで個々の魚は隣接する魚との相対的な距離に応じつつ、泳ぐ速さと方向を巧みに変えている、その動きのパターンを研究中だ。

(2010年5月31日)

重要単語・熟語と例文

(頁-行)

86-3 **biodiversity** 生物多様性

Biodiversity provides basic conditions for humans to live on the earth.

(生物の多様性は、人類が地球上に生存する基本的な条件を提供している。)

86-4 **sink in** 浸潤する、ひろまる

A heavy atmosphere sank in during the meeting.

(重苦しい雰囲気が、会議半ばに広がった。)

86-7 **COP (The Conference of the Parties)** 締約国会議

The minister of environment will join COP10 to be held in Tokyo this September.

(環境大臣は、9月に東京で開かれる第10回締約国会議に参加する予定だ。)

86-19 **solar cells [battery]** 太陽電池

Lithium, mined in only specific countries, is indispensable in solar cells.

(リチウムは特定の国にしか産出しないのだが、太陽電池には必須だ。)

86-20 **light-emitting diodes** 発光ダイオード(LED)

Electric bulb using light-emitting diodes are getting more reasonable in price.

(発光ダイオードを使った照明器具は手ごろになってきた。)

86-22 **convex-concave (concave-convex, concavo-convex)** 凹凸の

Deodorizers have the <u>concavo-convex</u> structure on their surface to absorb molecules.

(脱臭剤は表面の<u>凹凸構造</u>に物質を吸着する。)

88-3 **biomimetics** 生物模倣技術

<u>Biomimetics</u> is based on living organisms' shapes and functions.

(バイオミメティクスは、生物の形態や機能に基づく。)

88-8 **polymer** （高分子）重合体

<u>Polymer</u> is a basic substance in biochemistry.

(高分子<u>重合体</u>は、生化学の基本物質だ。)

●●●●●●●● 関 連 設 問 ●●●●●●●●

(問題1) 蛾の目の構造はどのように利用されているのでしょうか。

この問いに答えるためには、第6段落に注目。

Moths see well in the dark because... minimizes the reflection of light.

(蛾の目の表面は細かい凹凸構造を有しており、その構造により光の反射を最小限に抑えているため、蛾は夜でもよく目が見える。)

(問題2) 風力発電の効率を約20％上げる最新デザインはどのように生み出されたのでしょうか？

この問いに答えるためには、第12段落に注目。

The rudder is not fixed... flow of air. The idea for this... to swim upstream.

(操舵バネは固定する代わりに自由に振れるようになっており、

風の向きが変わるとそれに合わせて素早く調整することを可能にし、空気の流れの障害を防ぐ。同社の伊東良助氏は鯉が流れに逆らって泳ぐ際の尾びれからこのヒントを得た。)

問題3 追突防止運転システムはどこからヒントを得たものですか？

この問いに応えるためには、第14段落に注目。

Meanwhile, ... system for cars. The company is... in the school.

(遊泳する魚群の個々の魚が衝突しないことをヒントに、衝突自動回避運転システムを設計するための研究を続けている。群のなかで個々の魚は隣接する魚との相対的な距離に応じつつ、泳ぐ速さと方向を巧みに変えている、その動きのパターンを研究中だ。)

重要用語説明および背景説明

86-7　The Conference of the Parties to Diversity
(生物多様性条約)

1992年5月にリオで開かれた国連環境会議での署名を受けて同年12月に発効した生物の多様性の保護を目的とする生物多様性条約（CBD, Convention on Biological Diversity）の締約国の会議。2010年現在、日本を含む190カ国と1地域（EU）が批准（ratification）を済ませている。アメリカ合衆国は批准をしていない。その理由の一つは、生物多様性条約の条項では、有用な微生物の保護について、発展途上国にもその利益が還元されることを求めており、メガ・ファーマの大資本の研究・開発の利益が損なわれることを避けるためであると言われている。生物多様性条約にアメリカが批准を行い、世界的な規模で多様性の保護、遺伝

情報の公正・公平な取り扱いが望まれている。

88-3 **biomimetics** (バイオミメティクス、生物模倣技術)
生物の形態や機能をまねることによる利用方法のこと。日経ウィークリーの本記事ではそのなかのいくつかが紹介されている。①風力発電用のバネの後ろに鯉の尾からヒントを得た方向舵をとりつけて効率を高めた例、②蛾の目の微細構造を、太陽電池における太陽光の効率的取り込みに利用した例、③競泳用水着の表面加工をサメの微細な鱗からヒントを得て、水の抵抗を抑えた例、④泳ぐ魚の群れが衝突をしないことから衝突を回避する自動運転システムの研究開発の例、⑤アルゼンチンの山奥に自生する花、メカルドニアの日本への移植の例、また薬物の利用として、⑥インドネシアの熱帯雨林の未知の生物の発見により新薬の開発を行う日本の製薬会社の例をあげている。

Column

近代医学はバイオミメティクスにより発展した！

未知の生物が人類に多大な恩恵を与える可能性については、結核（TB:tuberculosis）の治療薬となったペニシリン（penicillin）を考えればわかりやすい。1929年、アメリカのフレミングが青カビの研究をしているときに偶然発見をしたものです。青カビが分泌する物質により、まわりの細菌が死滅をすることに気が付いたのですが、この物質こそが抗生物質（antibiotics）第1号となったペニシリンです。

現在の熱帯雨林（rainforest）には、新種の微生物とそれらが分泌する薬物が大量に保存されていると推測されています。

Technology 2: Next-generation reactors power up

New crop safe, small, simple; aging facilities guarantee replacement demand for decades

① Power generation with nuclear reactors, which emit little greenhouse gas, is attracting attention, spurring research into next-generation reactors. That is because new construction of nuclear power plants continues apace in China and other emerging nations, and industrialized nations will be faced with the full-scale replacement of existing facilities beginning around 2020. A number of new types of reactors are competing on performance, safety or compactness to improve economics.

② "Recognition of our-technology rose thanks to Gates," said a beaming Akira Ozaki, senior fellow of Toshiba Corp.'s nuclear energy systems & services division, which as soon as 2014 aims to commercialize its 4S mini reactor jointly with the Central Research Institute of Electric Power Industry.

③ Ozaki was referring to Microsoft Corp. of the U.S. Chairman Bill Gates, who has independently launched a nuclear power start-up. Gates looked at the 4S when he visited Toshiba last fall. As a result, the two firms decided to team up to develop next-generation nuclear reactors.

④ The "4S" name derives from "small, simple and super-safe." The reactor has a maximum output of 50,000kw, just below one-twentieth that of a typical reactor, but can be built in a 30 x 50 meter area, less than one-thirtieth the space required by a conventional nuclear reactor. The secret behind its compactness is the use of liquid sodium to convey heat from the reactor core.

⑤ Nuclear reactors typically create high-temperature, high-pressure water and steam using heat created by splitting uranium atoms, and use it to turn electricity-generating turbines. Sturdy piping is needed to ensure that the water, which can

2 次世代反応炉の開発進む
安全・小型・簡便の新反応炉、旧反応炉の老朽化により数十年の需要見込

Technology

① 原子炉による発電は温暖化ガスをほとんど放出しないこともあり、注目を集め、次世代反応炉の研究に拍車をかけている。従って、原子力発電所は中国や他の新興国で次々と建設され、先進国では既存の原発施設の全面的な交換が2020年頃から始まる。新型反応炉の多くが性能、安全性、経済的小型化を競っている。

② 「我々の技術への理解はゲーツ氏のおかげで高まった」と東芝原子力エネルギーシステム&サービス部門上級研究員の尾崎章氏は紅潮して語った。この部門は2014年に電力産業中央研究所と協力して4Sミニ反応炉の商業化を目指している。

③ 尾崎さんは米国マイクロソフト社のビル・ゲーツ社長に言及をしたが、ゲーツ氏は、原子力利用のビジネスを独自に始めている。ゲーツ氏は昨秋東芝を訪れた時に4Sを見学した。その結果、両社は次世代核反応炉の開発のためのチームを立ち上げる決定をした。

④ 「4S」という名称は「スモール（小型）、シンプル（簡便）、スーパー・セイフ（非常に安全）」に由来する。反応炉は最大出力5万kwであり、典型的な原子炉の20分の1以下の出力であるが、30 x 50mの敷地に建てる事が可能であり、伝統的な原発の施設の30分の1以下の敷地しか必要としない。小型化の秘密は炉心からの熱の伝搬に液体ナトリウムを使っていることだ。

⑤ ウラン原子の分裂により生成される熱を使いながら、高温高圧の水と蒸気を排出するのが典型的な原子炉であるが、この水蒸気により電力を生み出すタービンを回すのである。160気圧に達する水が漏れないようにするためパイプを頑丈にする必要がある。炉心は、

reach a pressure of 160 atmospheres, does not leak out. The reactor core is surrounded by thick piping and concrete making the facilities large.

⑥ On the other hand, liquid sodium can store three times as much heat as water can. Consequently, it can achieve high temperatures without pressure being increased, allowing for much simpler piping. The 4S heats metallic uranium little by little using high-speed neutrons and can operate for 30 years without refueling.

⑦ A town in the U.S. state of Alaska has reportedly heard about the reactor and made inquiries. Fuel cannot be transported in the area during the winter due to heavy snow and ice, and the city has no other energy sources. Toshiba is looking at selling the reactor in emerging and developing markets, its thinking being that 'in countries in which power grid improvements have lagged, there will be significant demand for small and midsize nuclear power plants in each city."

(May 24, 2010)

重要単語・熟語と例文

(頁-行)

94-1 **power generation** 発電

Power generation is essential for industrialization.
(発電は工業化に不可欠だ。)

94-1 **nuclear reactors** 核反応炉

The fourth generation nuclear reactors are expected to come into use within 20 years.
(第4世代の核反応炉は、20年以内に利用されることが予想されている。)

分厚いパイプとコンクリートにより囲まれるが、このことが施設を大きくしている。

⑥　これに対して、液体ナトリウムは、水の3倍の熱を蓄えることができる。その結果、気圧を上げることなく高温となり、ずっと簡単なパイプで済ませる事ができる。4Sでは、高速中性子を使って金属ウランを少しずつ温度を高め、燃料補給なしに30年間運転させることができる。

⑦新反応炉のことを耳にした米国アラスカ州のある町が問い合わせを行ったことが報道された。この地域では、積雪と氷が障害となり、冬季には燃料を運びこめず、他のエネルギー資源もない。東芝は新しい原発を新興国や発展途上国で販売をすることをまざしているが、これらの国では送電網の開発が遅れているため、それぞれの都市において小型・中型の原子力発電所への需要が切実なものとなるだろう。

(2010年5月24日)

●●●●●●●●●●●●●●●●●●●●●●●●●●●●●●●

94-13 **4S**　小型、簡便、超安全

'4S' in the next generation nuclear reactor stands for small, simple, and super-safe.

（第4世代の核反応炉は4Sによって特徴づけられていると言われている。）

94-24 **liquid sodium**　液体ナトリウム

Liquid sodium is used as a medium for cooling a reactor.

(液体ナトリウムは反応炉の冷却媒体として使われる。)

96-15 **power grid**　電力送電網

Conventional power grid would be replaced with smart grid in the near future.

(現在の送電網は近い将来スマート・グリッドに置き換わると言われている。)

関　連　設　問

問題1　既存の原子力発電所の耐用年数が切れるのはいつごろのことですか。

この問題に答えるためには、第1段落に注目。

Power generation... around 2020. A number of... to improve economics.

(原子炉による発電は温暖化ガスをほとんど放出しないこともあり、注目を集め、次世代反応炉の研究に拍車をかけている。従って、原子力発電所は中国や他の新興国で次々と建設され、先進国では既存の原発施設の全面的な交換が2020年頃から始まる。新型反応炉の多くが性能、安全性、経済的小型化を競っている。)

問題1　日本で第4世代の原子力発電が行われるのはいつごろですか？

この問題に答えるためには、第2段落に注目。

"Recognition of our-technology rose... Institute of Electric Power Industry.

(「我々の技術の認識はゲーツ氏のおかげで高まった」と東芝原子力エネルギーシステム＆サービス部門上級研究員の尾崎章氏は紅潮して語った。この部門は2014年に電力産業中央研究所と協力

して4Sミニ反応炉の商業化を目指している。)

問題3 第4世代核発電は、通常の原発と比較してどのような特徴がありますか。

この問いに答えるためには、第4段落に注目。

The "4S" name derives from... convey heat from the reactor core.

(「4S」という名称は「スモール(小型)、シンプル(簡便)、スーパー・セイフ(非常に安全)」に由来する。反応炉は最大出力5万kwであり、典型的な原子炉の20分の1以下の出力であるが、30X50mの敷地に建てる事が可能であり、伝統的な原発の施設の30分の1以下の敷地しか必要としない。)

問題4 アメリカのどの州の町が、第4世代原発に興味を示していますか?

この問いに応えるためには、第7段落に注目。

A town in the U.S. ... made inquiries. Fuel cannot be... no other energy sources.

(新反応炉のことを耳にした米国アラスカ州のある町が問い合わせを行ったことが報道された。この地域では、積雪と氷が障害となり、冬季には燃料を運びこめず、他のエネルギー資源もない。)

重要用語説明および背景説明

94-3 **next-generation (nuclear) reactor** (次世代核反応炉)

1942年にフェルミによってシカゴ大で世界初の反応炉が作られ、ソビエトは1954年に最初の反応炉を完成させた。第2世代は100万kw級のものが60年代から90年代にかけて建設された。

第3世代は、90年代後半から130万kw級が作られている。第4世代は既存の反応炉よりも小型であるが安全性と経済性に優れたものと言われている。2020年に米国、2030年には日本の原子炉が耐用年数を迎え、その代替原子炉として、各々の都市で第4世代の反応炉の電力供給が期待されている。

94-4　**nuclear power plant (construction)**（原発建設）

現在、世界で稼働中の原子炉数、建設中の原子炉数、計画段階の原子炉数を各国ごとに示すと次のようになる。稼働中の原子炉が多い順に上げる。

①米　　　国（104，1，8）　　⑧ドイツ　　　（17，0，0）
②日　　　本（ 64，3，12）　　⑩ウクライナ　（15，2，0）
③フランス　（ 50，1，0）　　⑪中　　　国（11，26，10）
④ロ シ ア　（ 27，10，7）　　⑫スウェーデン（10，0，0）
⑤韓　　　国（ 20，6，2）　　⑬ベルギー　　（ 7，0，0）
⑥イギリス　（ 19，0，0）　　⑬U　E　A　　（ 0，0，4）
⑦カ ナ ダ　（ 18，0，0）　　⑭ベトナム　　（ 0，0，4）
⑧イ ン ド　（ 17，6，8）

米マイクロソフト社創業者のビル・ゲーツ氏の設立をした原子力利用の電力会社が日本の原子炉技術と提携をし、次世代小型高速炉の建設が進められている。一方、日本の現在の原子力政策については、政府は2005年に「原子力政策大綱（Framework for Nuclear Energy Policy）」を打ち出し、2006年、「原子力立国計画(Japan's Nuclear Energy National Plan)」として具体策を示している。これに基づき、2010年8月経済産業省は2030年から耐用年数を次々に迎える日本の原子炉の新型原発として、出力3割増の180万kw、稼働率97％の世界最高水準のものと置き換える計画を発表した（2010年8月17日付日本経済新聞

1面)。日本の官民の連携により、中国やインドなどアジア各国にもこの世界最大級の原子炉を売り込むことが計画されている。「原子力も新エネルギーも」というコンセプトが基本的なエネルギー政策であり、二酸化炭素の排出が少ない原子力発電は今後とも全発電に占める割合の増加が求められている。現状の34%から2020年に50%以上、2030年には70%まで高めることが予測されている。

Column

「日経ウィークリー」の英語は難しい？

　日・米・韓の3カ国の主要な英字新聞6紙の英語の難易度を比較してみると、「日経ウィークリー」の英語は、ガニング・フォッグ・インデックスなど各種の指標はニューヨーク・タイムズにもっとも近い難易度を示しています。内容については経済・金融用語が多用されているために、難易度はあがります。したがって、大学のクラスで利用をする場合には、「日経ウィークリー」の経済・金融用語の解説ページなどを活用して、経済・金融の基礎的な知識の育成をもめざすことが望まれます。「日経ウィークリー」を教材として使っていると、大学生は国内・海外の企業とその活動に興味を示すようになるのが一般的です。ビジネス英語の実践的な教材として活用したいと思います。

Chapter 8

New Products

1

Whitening, moisturizing sunscreen lotions turn into everyday product

① Sunscreen lotions have been used mainly at holiday resort in midsummer. But new products for this spring-summer season are for everyday use. Cosmetics makers are trying to <u>cash in on</u> demand from women who want sunscreen lotions that can both block ultraviolet rays and keep their skin white.

② In mid-March, the cosmetics section at an outlet of Power Drug One's in the Kichijoji district of western Tokyo already had rows of sunscreen lotions for sale. One customer who was trying samples said, "I'm looking for one that doesn't irritate my skin. I will use the lotion every day."

③ In response to requests for skin-friendly sunscreen lotions, Kanebo Cosmetics Inc. renovated its mainstay Allie brand. New items released on March 1 contain a sheet-like agent that scatters ultraviolet rays instead of the ball-shaped one in previous products. The sheet-formed agent can cover the skin surface more thoroughly and prevent moisture from escaping. The maker boasts that the new products have an even better moisturizing effect.

④ Kanebo has been developing sunscreen lotions that <u>impose less of a burden on</u> the skin since 2008. It made the move after sales of Allie items for everyday use overtook those for outdoor leisure use the previous year. Sensing a change in demand, the maker conducted a large-scale survey and found that most respondents paid attention to the effect on their skin when buying sunscreen lotions.

New Products

1　美白と保湿効果がある日焼け止めローションが日常商品に

①　日焼け止めローションは、主に真夏のリゾートで使われてきた。しかし、今年の春夏季の新製品は、日常的使用のためのものである。化粧品メーカーは、紫外線を守るだけではなく美白効果もある日焼け止めローションを求める女性からの需要を活かそうとしている。

②　3月中旬、東京西部の吉祥寺地区にあるパワー・ドラッグ・ワンの化粧品部門は、既に日焼け止めローションを店頭に並べている。サンプルを試してみた1人の客は、「肌を刺激しないものを探しています。毎日、日焼け止めローションを使うつもりだから」と言った。

③　肌に優しい日焼け止めローションを求める声に対応して、カネボウ化粧品は、主力商品のアリィーを刷新した。3月1日に発売された新製品は、以前の商品の球状の化学物質の代わりに紫外線を拡散させるシート状の化学物質を含んでいる。シート状の化学物質は、肌の表面をより完全に覆い、潤いが逃げないようにする。新製品は高い保湿効果を持っているとメーカーは誇る。

④　2008年以来、カネボウは、肌に負担が少ない日焼け止めローションを開発してきた。その結果、日常用のアリィー発売後、前年のレジャー用のアリィーの売上高を上回った。需要動向の変化を読み取ったメーカーは大規模な市場調査を行い、多くの回答者が日焼け止めローションを購入する時に肌への効果を気にしているということが分かった。

⑤ Frequent use of <u>conventional</u> products sometimes causes damage to the skin. In order to address calls for lotions that can preserve skin moisture and have beauty effects, Kanebo has introduced products that contain the moisturizing substance hyaluronic acid.

⑥ TV commercial and posters for Allie featured actress Ai Kato in a swimsuit. The cosmetics makers added a new version, in which Kato walks around town in causal clothes in 2008. Only the town version will be used this year. Kanebo says the brand's sales have got out of a slump and are improving thanks to these revamps.

⑦ Kanebo's bigger rival Shiseido Co. has also carried out a major overhaul of its mainstay Anessa brand. Anessa perfect essence sunscreen, released in February has a lighter texture than its <u>predecessors</u> and can be washed away without a special cleanser. The previous lineup was designed to protect users from strong ultraviolet rays in resort locations and was not suitable for everyday use. An official of the <u>mass and masstige brand marketing unit</u> called the overhaul "the biggest change since Anessa was launched in 1992."

⑧ TV spots will change, too. Past Anessa commercials featured fashion models in swimsuits on sunny white beaches. Shiseido changed the brand's image from Yuri Ebihara to actress Yu Aoi for TV spots to be broadcast from late April. Aoi will appear in daily clothes to emphasize the message that Anessa is for everyday use.

(April 19, 2010)

⑤従来の製品は、頻繁に使用した場合、肌にダメージを与えていた。肌の保湿と美容効果を持つ日焼け止めローションを求める声に応えるためにカネボウは、保湿成分のヒアルロン酸を含む製品を導入した。

⑥　アリィーのテレビ・コマーシャルやポスターは、水着の加藤あいを主役にしていた。2008年、化粧品メーカーは、加藤が普段着で街を歩き回る新しいバージョンを加えた。今年は街バージョンだけが使われる。カネボウによると、こうした改善のおかげでブランドの売り上げは低迷を脱して改善している。

⑦　カネボウの主なライバルである資生堂は、主力商品であるアネッサの大幅な見直しを実行した。2月に発売されたアネッサ・パーフェクト・エッセンス・サンスクリーンは、以前の商品よりも軽い質感であり、専用クレンザーなしで洗い流すことができる。以前のラインアップは、リゾートでの強烈な紫外線から使用者を守ることを目的にしていたので日常的な使用には向いていなかった。資生堂マス・マステージブランドユニットによると、こうした見直しは「アネッサが始まった1992年以来、最も大きな変更」である。

⑧　テレビ・コマーシャルも変わった。従来のアネッサのコマーシャルは、日の当たる白い砂浜にいる水着のファッション・モデルが主役だった。資生堂は去年4月から放映されているテレビ・コマーシャルで、ブランド・イメージを蛯原友里から女優の蒼井優に変更した。蒼井は、アネッサを日常的に使用するというメッセージを強調するために普段着で登場する。

(2010年4月19日)

重要単語・熟語と例文

（頁-行）

102-3 **cash in on** 〜を活かす

The record company is trying to cash in on the singer's popularity.

（レコード会社は歌手の人気を活かそうとしている。）

102-19 **impose A on B** AにBを負担させる

類語 **lay A on B**

Military spending imposes a huge strain on the public.

（軍事予算は一般大衆に大きな負担を強いる。）

104-1 **conventional** 従来型の

類語 **traditional**

Internet connections through conventional phone lines are inconvenient.

（従来型の電話線を使ったインターネット接続は不便です。）

104-15 **predecessor** 前にあったもの

反対語 **successor**

The new product has a more powerful engine than its predecessor.

（新製品は、前のものよりも強いエンジンを備えています。）

関連設問

問題1 日焼け止めローションの日常的な使用という消費動向の変化に対応するために、カネボウは商品をどのように改善したのでしょうか？

第3段落から第6段落、特に第5段落の以下の部分に注目。

"In order to address calls for... the moisturizing substance hyaluronic acid."

「カネボウは、保湿成分のヒアルロン酸を含む製品を導入した」とある。

問題2 日焼け止めローションの日常的な使用という消費動向の変化に対応するために、資生堂はアネッサのテレビ・コマーシャルをどのように変えたのでしょうか？

第7段落から第8段落、特に第8段落の以下の部分に注目。

"Aoi will appear in daily clothes... Anessa is for everyday use."

「アネッサを日常的に使用するというメッセージを強調するために普段着で登場する」とある。

重要用語説明および背景説明

104-18 mass and masstige brand marketing unit
（マス・マステージブランドユニット）

資生堂国内化粧品事業部の一部門。「マステージ」は、マーケティング用語で mass と prestige を合わせた言葉。「大衆のための高級品」。資生堂は、「マステージ」と、市場の特性を都市ごとにとらえる「シティーコンセプト」をマーケティングの根幹とする。

New Products 2
Ultrasleek design lets new Fujitsu ultramini PC fit in inner pocket

① Fujitsu Ltd.'s latest ultramini personal computer is exceptionally light, slim and portable, despite its full capabilities as a PC.

② The new FMV-Biblo Loox U/G90, released in January, weighs just under 500 grams, making it the lightest of the recent range of PCs out on the market featuring full compatibility with the Windows 7 operating system from Microsoft Corp. of the U. S.

③ The laptop, about the size of a long wallet, can easily fit into an inner pocket in a men's suit, while exuding style and convenience. The Loox U/G90 has earned accolades for all these features from male consumers in their 30s to 40s, the firm's initially envisioned target group.

④ Fujitsu started developing the handheld PC around the end of 2008, about a year before its launch. While small size and light weight have been the main features of the Loox U series, the major electronics company pursued a higher level of portability and even more stylish design in an attempt which the company termed as a "zero-based review."

⑤ From the very beginning, the development team focused on reducing the size of the device as much as possible to meet target customers' requirements for better portability.

⑥ To make it happen, a staff member in charge of product planning, for example, visited menswear discount stores frequently to take the measurements of about 500 men's suits. The survey found that "if the total of the PC body's depth and thickness is within 130mm, the computer can slip comfortably into a pocket of about 90% of men's suits," a development staff member said.

⑦ The Loox U/G90 measures 23.8mm in thickness (excluding

2 富士通の新しい超小型パソコンが非常に滑らかなデザインで内ポケットに収まるサイズに

① 富士通の最新の超小型パソコンは、パソコンとして完全な性能を備えながらも並外れて軽量で、スリムで持ち運びに便利である。

② 1月に新たにFMV-Biblo Loox U/G90が発売された。重量は500グラムを切り、市場に出回っている、アメリカのマイクロソフト社のOSのウィンドウズ7と完全に互換性を持つ最新のパソコンの中でも一番軽い。

③ 長財布の大きさくらいのパソコンは、スタイルと利便性を兼ね備えながらも男性用スーツの内ポケットに容易に入れることができる。Loox U/G90は、こうした特徴すべてに対して、富士通が主にターゲットと目した30代から40代の男性消費者から称賛を得ている。

④ 発売の約1年前の2008年末頃から富士通はハンドヘルド・パソコンの開発を始めた。軽量少サイズがLoox U/G90の主な特徴であるが、電気機器大手は、持ち運びにとても便利で、ずっとスタイリッシュなデザインになるように「ゼロ・ベースの見直し」と名付ける試みの中で追求した。

⑤ 当初、開発チームは機器のサイズを減らすことに焦点を置くだけではなく、運びやすさを求める消費者の声にできるだけ応じようとした。

⑥ それを実現するために、商品企画担当者は、例えば紳士服ディスカウント店を度々訪れて、約500着の男性用スーツを測定した。調査の結果、「もしパソコン本体の奥行きと厚さの合計が130ミリ以内であれば、90パーセントの男性用スーツのポケットに楽々と入る」ということが分かったと開発メンバーは語る。

a protruding part), about 3mm slimmer than the thinnest existing models and one of the industry's slimmest mininotebooks.

⑧ In the early stage of development, the designers decided to reduce the weight of the laptop to less than 500g based on the principle that "if the new device is lighter than a 500ml PET bottle, the user might not feel it's a <u>hassle</u> to lug around," as a team staffer put it.

⑨ 〈中略〉

⑩ This time, however, Fujitsu prioritized size, weight and design. After <u>meticulous</u> efforts, the development staff ultimately achieved a harmony between sliminess and lightness and sophisticated design for the new device.

⑪ Before that, the designers engaged in a lot of experimentation. In one version, flat-panel-like batteries replaced the cylindrical batteries used in conventional models. But the change added 5.5mm to the PC's thickness. The problem was eventually resolved by reducing the thickness of other parts.

⑫ While an ordinary PC is created with a space of 1mm or so between the liquid-crystal display and the touch panel so they can be separated easily for repair, the two components in the new model are tightly bonded with adhesive agent.

⑬ The Loox U/G90 incorporates a high-speed <u>solid-state drive</u> instead of the traditional HDD as a data storage device, an innovation that helped cut the size of the laptop by about half.

(June 21, 2010)

⑦　Loox U/G90 は、（出っ張っている部分を除けば）厚さ23.8ミリで、業界の最もスリムな小型パソコンや最も薄い既存モデルよりも3ミリも薄い。

⑧　開発チームの社員の言によると、開発の初期段階で、設計者は、「もし新しい機器が500ミリリットルのペットボトルよりも軽ければ、使用者は持ち歩くのに面倒は感じないだろう」という信条に基づいて、パソコンの重量を500グラム以下まで減らすことを決定した。

⑨　〈中略〉

⑩　しかしながら今回、富士通はサイズ、重量、そしてデザインを優先した。細心の試みの後で、開発スタッフは最終的に、新しい製品のスリムさと軽さ、そして洗練されたデザインの調和を成し遂げた。

⑪　それに至る前に設計者は数多くの試行錯誤を行なった。例えば、従来のモデルで使われている円筒状のバッテリーを平面状のバッテリーに置き換えた。しかし、そうした変更でパソコンの厚みが5.5ミリも増した。最終的に問題は、他の部品の厚みを減らすことで解決された。

⑫　パソコンでは普通、修理の際に簡単に分離できるように液晶ディスプレイとタッチパネルの間に1mm程度の隙間が設けられているが、新しいモデルの2つの部品は、接着剤でしっかりとくっつけられている。

⑬　Loox U/G90 は、HDD の代わりに、データ記憶装置としてフラッシュメモリ・ドライブ（SDD）を組み込んでいる。そうした革新のおかげでパソコンのサイズを約半分に減らすことができた。

(2010年6月21日)

重要単語・熟語と例文

(頁-行)

108-5 **compatibility** 互換性

関連表現 **compatible with** 〜と両立する

This software allows compatibility between computers.

(このソフトでコンピューター間の互換性が生じる。)

108-8 **exude** 十分に表す、発散させる

類語 **discharge**

The president-elect exudes an air of wealth and power.

(次期大統領は富と権力の匂いを発散させている。)

108-9 **accolade** 褒め言葉、栄誉

類語 **honor**

She received a Pulitzer Prize, the highest accolade in the journalism.

(彼女はジャーナリズムの最高の栄誉であるピュリッツァー賞を受賞した。)

110-6 **hassle** 面倒なこと

It is such a hassle not having a dishwasher.

(食器洗機がないと一苦労である。)

110-12 **meticulous** 細心の

She is meticulous in her use of words.

(彼女は言葉の使い方に細心の注意を払っています。)

●●●●●●●●● 　関　連　設　問　　●●●●●●●●●

(問題1) 富士通は何を基準にしてPCの適切なサイズを決めたのでしょうか？

PCの開発過程については第5段落から第11段落。特に第6段落の以下に注目。

"… a staff member … the measurements of about 500 men's suits."

「紳士服ディスカウント店を度々訪れて、約500着の男性用スーツを測定した」

(問題2) 富士通は具体的にどのようにしてPCの小型化を実現したのでしょうか？

小型化の実現方法については第11段落から第13段落の以下の部分に注目。

"In one version, flat-panel-like batteries replaced … the lap top by about half."

重要な点は、「平面状のバッテリーの使用」「液晶ディスプレイとタッチパネルの隙間をなくしたこと」「フラッシュメモリ・ドライブ（SDD）の採用」の3点。

●●●●● 重要用語説明および背景説明 ●●●●●

108-12　**handheld PC**（ハンドヘルド・パソコン）

PDA (personal digital assistance) とも呼ばれる携帯用小型パソコン。タッチパネルやペン入力を用いるものはタブレット・パソコン（Tablet PC）とも呼ばれる。タブレットPCの代名詞となったiPadの発売に対抗するために、近日、国内PCメーカー各社は、

タブレットPCの市場に参入することを発表した。今後の激しい競争が予想される。

110-24 **solid-state drive**（フラッシュメモリ・ドライブ）
略称SSD。従来のHDD（hard disk drive）よりも高速に読み書きが可能な半導体を使った記憶装置。半導体は非常に高価なため、これまで大規模容量が必要なPCの記憶装置に使われることはほとんどなかったが、近年の価格下落により記憶装置にも使われるようになった。SSDの特性を活かせば、PCのさらなる小型化と省電力化が可能となる。2009年現在、東芝はSSDの世界シェアで2位を占めている。

Column

「日経ウィークリー」を購読した大学生の声

　実際に3カ月購読した後に感想を聞いてみました。いくつかここで紹介したいと思います。

　「英字新聞を読むのは大変やったけど、1年の時にぐうたらしていたので英語の学習環境がついたのでよかったと思います」

　「新聞に対する抵抗が少なくなった気がします。背景知識もわかりやすく、普段、ニュースを聞いてもより深く理解できるようになりました」

　「新聞記事をじっくりと読んで、背景知識、用語の重要性がわかりました。普段はあまり日本でニュースにならない記事も読めて興味深かったです」

　「記事の内容がおもしろくて飽きませんでした。毎回やっていると出ている単語も覚えてきました」

　「結構大変でしたが、確実に身についてきている感じがします」

多くの大学生の声をまとめてみると、最初はハードルが高く感じるようですが、慣れるにつれてリーディング能力だけではなく背景知識も身についてきているようです。

「日経ウィークリー」を読む時に大学生はどこでつまずくのか
「日経ウィークリー」の記事を要約するという課題を大学生に毎週毎週課しています。最低1日1記事が原則です。もちろん要約は内容が正しいかどうかをチェックします。中にはなかなか記事の内容を把握できない人もいます。どこを改善すればよいのでしょうか？

やはり背景知識が必要です。特に金融や投資に関する記事は苦手な人が多いようです。あまり馴染みがない言葉が多かったり、銀行や株式の仕組みの基本を知らないと難しいはずです。そういう場合は、例えば日経本紙や経済用語辞典などの助けを借りて背景知識を先に補いましょう。そうすればかなり楽に読めるはずです。

日本語でもあまり知らない分野の文章は難しく感じます。英語も同じです。また「日経ウィークリー」の中でも経済用語をやさしく解説したページがあります。そうした機会を積極的に利用しましょう。最初は難しく感じる記事の内容でも、背景知識が身についてくるにしたがってきちんと読めるようになるはずです。

Chapter 9

Marketing 1
Ventures offer <u>agribusiness</u> fertilizer
<u>Budding</u> <u>start-ups</u> help bring farming into 21st century

① <u>Established companies</u> are not the only ones <u>enlivening</u> the farming sector. Agricultural start-ups are sprouting around the nation, <u>giving rise to</u> fresh production methods and business models.

② Some of these firms offer consultation services to help farms make use of <u>information technology</u>. And some are <u>going public</u> to raise funds for business expansion.

③ In midsummer, strawberries grow at farms in the suburbs of Asahikawa, Hokkaido. They are the product of a unique seedling supplied by Hob Co., a biotech company. Hob develops seedlings, sells them to farmers, and buys back strawberries to resell them to major confectionery makers. In 1997, funded by a venture capital firm, it purchased Japan's largest strawberry wholesaler to secure a stable customer base.

④ Hob went public on the Jasdaq Securities Exchange in 2005. And now President Iwao Takahashi is seeking to swallow up seedling businesses for produce other than strawberries.

⑤ In Miyakonojo, Miyazaki Prefecture, vegetable grower Shinpukuseika Ltd. employs a <u>state-of-the-art</u> farm management system <u>to get the most out of</u> its land.

⑥ All staff members who work in the field carry cell phones equipped with a <u>Global Positioning System</u>. Using an information system built by Fujitsu Ltd., its business partner, the company is able to monitor not only the temperature, humidity and sunshine at the farm, but also how the workers move about

1 冒険（ベンチャー企業）が、農業事業に活気を与える
芽ばえた新規事業が農業に 21 世紀をもたらす

① 既存企業だけが農業部門を活性化するとは限らない。農業分野での起業が日本中で芽生え始めており、それによって、生鮮食品製法や、ビジネスモデルが発生してきている。

② それらの企業の中には、IT 技術を活用することを助けるためのコンサルティングサービスを提供しているところもある。また中には、事業拡大の資金調達のために株式公開するところも出てきている。

③ 夏の真っ盛りに、北海道、旭川の農家では、イチゴを栽培している。それらは、バイオテクノロジーの会社であるホーブ社から提供された独自の苗木により生産されたものである。ホーブ社は、苗木を育て、それらを農家に売り、さらにそのイチゴを大手菓子メーカーに再販売している。1997 年に、ベンチャー・キャピタルから、資金援助してもらい、顧客ベースの安定供給を確保するために、日本最大のイチゴ卸売業者を買収した。

④ ホーブ社は、2005 年にジャスダックに上場している。そして今、高橋巌社長は、イチゴ以外の苗木ビジネスを飲みこもうとしている。

⑤ 宮崎県都城では、野菜栽培者の有限会社新福青果は、最先端の農業経営システムを導入し、土地を最大限有効活用しようとしている。

⑥ 畑で働くすべての従業員は、GPS 付の携帯電話を携行している。同社のビジネスパートナーである富士通が開発した情報システムを使うことによって、農場の気温、湿度、日照を把握できるだけでなく、労働者の畑での動きも把握することができる。データは、即座に細部にわたる分析がなされ、農場の生産性向上のために活用される。

the field. The data is analyzed right down to the smallest detail, all in an effort to improve the farm's productivity.

⑦ With annual group sales of ¥1.34 billion ($15.4 million) Shinpukuseika is Japan's largest vegetable grower.

⑧ Naturalart Inc., based in Tokyo, is a farming firm and consultancy established in 2003. While running more than five farms around the nation, it offers advice to major companies seeking to start tilling the soil, as well as conventional farmers. The consulting business currently accounts for less than 1% of its sales, but CEO Makoto Suzuki sees plenty of room for growth. "There are lots of requests for help," he said. "I'm sure there is huge latent demand for farming consultation."

(June 26, 2010)

重要単語・熟語と例文

(頁-行)

116-見出し **ventures** ベンチャー企業、冒険的事業、冒険

Our next venture is to start a space operation business.
(我々の次なる新規事業は、宇宙事業ビジネスを始めることだ。)

116-リード **budding** 芽を出しかけた、発芽（名）

bud はもともと花のつぼみのこと。budding で駆け出しの、新進のという形容詞。

She is a budding violinist.
(彼女は新進のバイオリニストだ。)

116-リード **start-ups** 新規事業

These companies are family owned start-ups.
(これらは、新規企業で家族経営の会社である。)

⑦ グループの年間売上、1.34億円（15.4万ドル）によって新福青果グループは、日本で最大の野菜生産者となっている。

⑧ 東京に本社を置く、ナチュラルアート株式会社は、農業経営のコンサルタント会社で、2003年に設立された。同社は日本全国で5か所以上の農場を経営する傍ら、農業参入を模索する大企業や、伝統的な農家に対して、アドヴァイスを提供してきた。コンサルティング業は、いまだ売り上げの1％にも満たないが、鈴木誠社長は、まだまだ成長の余地があるとみている。「助けを求める声は多い」と彼は語る。「農業コンサルティングには、膨大な潜在的要望があると私は確信している。」

(2010年6月26日)

●●●●●●●●●●●●●●●●●●●●●●●●●●●●●●●

116-1 **established companies** 既存の企業、老舗企業

Venture businesses have a higher failure rate than established companies.

（ベンチャー・ビジネスは、しにせ企業よりも倒産率が高い。）

116-1 **enliven** 活性化する、元気づける

Adventures enliven one's life.

（冒険は人生を活気づけてくれる。）

116-3 **give rise to** 〜を引き起こす、を生じさせる

This IT revolution gave rise to many changes in our society.

（このIT革命は我々の社会に多くの変化を引き起こした。）

116-6 **go public (to raise funds)** （企業が）資金調達のために株式を公開する、

That company is going to go public on Jasdaq exchange next quarter.
（その会社は次の四半期にジャスダックに上場する予定である。）

116-19 **state-of-the-art** 最先端の

Our students can study in a state-of-the-art facility.
（本校の生徒は最先端の施設で研究することができる。）

116-20 **to get the most out of 〜** 〜から最大限

You had better get the most out of life while you can.
（できるうちに人生を最大限に活用すべきだ。）

118-8 **conventional** 伝統的な、旧来の

The conventional publishing industry has been at the crossroads since the iPad appeared.
（iPadの登場により、従来の出版は岐路に立たされている。）

118-9 **account for** 〜の割合を占める、〜から成る、

This product accounts for 40% of the company's revenue.
（この製品は、会社の売り上げの40%を占めている。）

118-12 **latent** 潜在的な、表面にでない

The new environment will draw out its latent demand.
（新しい環境が、その潜在的な需要を引き出してくれるだろう。）

関 連 設 問

Marketing

問題1 日本の農業活性化のために、主にどのような新しい方法が採用されていますか？

この問いに答えるためには、第1段落の3行目に注目。

① Established companies are not... methods and business models.

新たな生産メソッドや、ビジネスモデルを導入する。

問題2 新しいビジネスモデルの他に、日本の農業にはどのようなニーズがありますか？

この問いに答えるためには、第8段落の4～5行目に注目。

⑧ Naturalart Inc. Based in Tokyo... demand for farming consultation."

農業のコンサルティングには、巨大な潜在的要望がある。

重要用語説明および背景説明

116-見出し **agribusiness** 農業に関連した産業、農業関連産業「アグリビジネス」ともいう。従来の農業だけでなく、バイオや、株式会社など、広い意味での農業関連産業の総称。

116-6 **information technology** インフォメーション・テクノロジー、IT、情報技術

情報技術が直訳だが、通常は、ITと略語で用いられることが多い。

116-22 **Global Positioning System** 【略】GPS、グローバル・ポジショニング・システム

衛星利用測位システムのこと。全地球測位システムともいう。

Marketing 2 — Electronics makers <u>rushing out</u> iPad knockoffs

① TAIPEI–Rival models of <u>tablet computers</u> from Taiwan's electronics makers that hope to <u>emulate</u> the <u>record-breaking</u> success of U.S. Apples Inc.'s iPad tablet, are stealing the spotlight at this year's Comutex Taipei show.

② AsusTek Computer Inc. of Taiwan <u>unveiled</u> its tablet computer the day before the June 1 opening of the IT trade fair one of the world's largest.

③ At a May 31 news conference, AsusuTek Chairman Jonney Shih introduced the Eee Pad tablet, stressing a feature lacking in the iPad-an external keyboard for customers who prefer to use one.

④ The Eee Pad, which runs on U.S. <u>Microsoft Corp.'s Windows7 operating system</u>, offers 10-and 12-inch screens. The 12-inch version is the one with the external keyboard.

⑤ The 10-inch, model, which is slated to be released first, will sell for $399-499. AsusuTek plans to <u>debut</u> the tablet in the U.S. and Taiwan as early as January 2011.

⑥ In Beijing last month, Acer Inc, the world's second-largest personal computer maker said that to release a tablet computer in the October-December period in the U.S., Germany and China.

⑦ Micro-Star Int'l Col., amid size PC maker based in Taiwan, plans to launch a tablet computer running the Windows 7 OS, in the July-September period, mainly in Taiwan and Europe.

⑧ Delta Electronics Inc., the top global maker of <u>power supplies for PCs</u>, said that it will introduce 8-inch and 13-inch <u>e-book readers</u> equipped with <u>color LCD panels</u> by the year-end in Chinese-speaking countries and regions, including China,

2　エレクトロニクスメーカーが、こぞって iPad の模倣に走る。

Marketing

① 【台北】― 台湾の電子機器メーカーから出された、タブレット型コンピューターは、記録的な大成功を収めたアメリカのアップル社の iPad タブレットのライバル機種として、今年の台北で開かれた Computex で注目を集めつつある。

② 台湾の Asus 社は、世界最大規模の IT トレード・フェアーの一日前、6月1日に、同社タブレット型コンピューターを明らかにした。

③ 5月31日の記者会見で、Asus の会長、ジョニー・シー氏は、Eee Pad タブレットを紹介し、iPad には欠けている特性、顧客の要望から外付けのキーボード、を強調した。

④ Eee Pad は、マイクロソフト社の Windows 7 を搭載し、10インチと12インチが提供される。12インチモデルには外付けキーボードが附属されている。

⑤ 10インチモデルが最初に販売され、399ドルから499ドルで販売される予定である。Asus 社は、早ければ2011年の1月には、アメリカと台湾でタブレット型をデビューさせる。

⑥ 先月北京にて、世界第2位のコンピューターメーカーである Acer 社は、10月〜12月にアメリカとドイツと中国でタブレット型をリリースすると発表した。

⑦ 台湾に拠点を置く中堅 PC メーカーのマイクロスター社は、主に台湾とヨーロッパで、7月から9月にかけて Windows 7 を OS にしたタブレット型コンピューターを立ち上げる計画があると述べた。

⑧ PC 電源のトップメーカーである、デルタ・エレクトロニクス社は、中国、台湾、香港そしてシンガポールを含む中国語圏で、年末までに LCD パネルを使用した8インチ、および13インチの e-book リーダーを発売すると発表。

Taiwan, Hong Kong and Singapore.

⑨ Taiwanese manufacturers are quickly making <u>inroads</u> in the tablet computer business because many of them, mainly electronics manufacturing service firms already have well-established supply-chain networks in China.

EMS contractors

⑩ Hanwan Technology Co., a major Chinese <u>electronic dictionary</u> maker, is displaying a tablet computer of its own, the TouchPad, at the Computex Taipei show. But it is manufactured by Taiwan EMS firms.

⑪ In fact, both the iPad and iPhones are made by Hon Hai <u>Precision Industry</u> Co. of Taiwan, the world's largest EMS firm. Production know-how and capacity has enabled Taiwanese manufacturers to enter the tablet computer market.

⑫ The real challenges facing Taiwanese electronics makers are developing the kind of content and <u>applications</u> that drive the iPad's and iPhone's <u>explosive</u> popularity and making the services available on their tablet computers attractive to users. Variety has become <u>crucial to</u> success.

⑬ When AsusTek announced the release of its new tablet computer, the company said it planned to establish services <u>similar to</u> Apple's offerings, but preparations <u>have yet to</u> begin. Whether AsusTek and other Taiwanese electronics makers are able to put such ambitious plans into action is likely to <u>determine</u> their success in the <u>fledgling business</u>.

(June 14, 2010)

⑨　台湾の製造業者は、素早いタブレット型コンピューターへの食い込みを始めており、それは、既に主要なエレクトロニクスメーカーの多くが、中国での供給ネットワークを確立しているからである。

EMS エレクトロニクス
⑩　Hanwan テクノロジー社、中国の大手電子辞書メーカーも、独自のタブレット型コンピューター TouchPad を Computex Taipei show で展示している。しかしそれは、台湾の EMS 社が製造したものである。

⑪　実際、iPad も iPhones も、世界最大の EMS 社である、台湾の Hon Hai 精密機械工場で製造されており、その製造のノウハウと生産能力が、タブレット型コンピューター市場への参入を容易にしているといえる。

⑫　台湾のエレクトロニクスメーカーにとってこれから直面する本当の問題は、iPad と iPhones の爆発的な人気を後押ししている、コンテンツとアプリケーションの開発であり、また、ユーザーにとって魅力的なサービスをそれらのタブレット型コンピューター上で可能にすることにある。種類の豊富さが、成功には不可欠な要素となっている。

⑬　Asus 社が同社のタブレット型コンピューターのリリースを好評した際、今後 Apple 社と同様のサービスを提供していくと発表したが、その準備はまだ始まったばかりだ。Asus 社をはじめとする他の台湾のエレクトロニクスメーカーが、この野心的なプランを実行に移すことが、始まったばかりの事業を成功させるかどうかのカギとなると言える。

(2010 年 6 月 14 日)

126

重要単語・熟語と例文

(頁-行)

122-見出し **rush out**　ドッと出てくる、急いで出ていく

The audience rushed out to get help.
(観客は助けを呼ぶために外に出てきた。)

122-見出し **knockoffs**　(ブランド品などの)模造品、偽物

These are knockoff-watches of famous brands.
(これらは、有名ブランドの偽物時計だ。)

122-2 **emulate**　～と張り合おうとして、～に負けまいと努めて

He could not emulate his rival.
(彼はライバルにはかなわなかった。)

122-2 **record-breaking**　記録破りの、新記録の、記録的な

We had a record-breaking hot summer last year.
(昨年は、記録破りに暑い夏だった。)

122-5 **unveil**　～の秘密を明かす、明らかにする、公表する、発表する

The new project was unveiled at the board meeting.
(役員会で新しいプロジェクトが公にされた。)

122-16 **debut**　デビューする、初めてお目見えする、

The company will debut their new model this summer.
(その会社は新型モデルをこの夏に披露する予定だ。)

124-2 **inroad**　～に入り込む、侵入する、参入する

We are going to make inroads in the export market to Vietnam.
(我々は、ベトナムの輸出市場に進出する。)

124-18 **explosive**　爆発的な

Her concert was ended with an explosive clap of

thunder.
(彼のコンサートは、<u>万雷の</u>拍手で幕を閉じた。)

124-20 **crucial to** 〜に極めて重要な、〜に不可欠の
This project is <u>crucial</u> to our success.
(このプロジェクトは私たちの成功に<u>不可欠</u>である。)

124-23 **similar to** 〜と似ている、〜と同じような、
These two products are <u>similar to</u> each other.
(この2つの製品は、お互いに<u>似かよっている</u>。)

124-23 **have yet to** まだ〜していない、
My question <u>has yet to</u> be answered by you.
(まだ私の質問には答えて<u>もらっていない</u>。)

124-25 **determine** 決心する、決める、
This <u>will determine</u> whether we will win or not.
(これが、私たちが勝つか負けるかを<u>決定する</u>。)

関 連 設 問

問題1 台湾のエレクトロニクスメーカーが早急かつ熱心にタブレット・コンピューターへの参入を目指す理由は何か？台湾企業が有利な理由を2つあげてください。

この問いに答えるためには、第9段落と第11段落の以下の部分に注目。

⑨ Taiwanese manufacturers are... supply-chain networks in China.

⑪ In fact, both the iPad and iPhones... enter the tablet computer market.

台湾企業が既に中国に確立された供給ネットワークがあり、

iPad と iPhones の制作技術を EMS で保持しってるから。

(問題2) 台湾企業がタブレット型コンピュータ分野で成功する最重要要素は何ですか。

この問いに答えるためには、第12段落と第13段落の以下の部分に注目。

⑫ The real challenges... Variety has become crucial to success.

⑬ When AsusTek announced... their success in the fledgling business.

台湾企業が、iPad と同様の豊富なコンテンツとアプリを用意し、Apple 社が提供しているのと同等のサービスを提供できるかにかかっている。

●●●●● 重要用語説明および背景説明 ●●●●●

122-1 **tablet computer** タブレット（型）コンピューター
米国 Apple 社の発売した iPad,Amazon.com が発売した Kindle など、タブレット（板状）のコンピューター機能を持った製品を指していう。

122-12 **Microsoft Corp.'s Windows7 operating system**
マイクロソフト社 Windows 7 OS
今回の Apple 社のライバル企業。台湾企業は、主としてマイクロソフト社と組んで、タブレット型コンピューターを開発している。

122-25 **power suppliers for PC's** ＰＣ用電源装置
【略】PS、パワーサプライ、電源装置、電力供給装置のこと。この場合は、PC 用電源メーカーを指している。

122-27 **e-book readers** e-ブック・リーダー

ebookは、Apple以前にも、Sonyなどからも発売されているが、電子書籍を読むための機器をさしている。iPadの成功により、日本企業もSharpなどが既にこの分野の機器開発参入を表明している。今後出版業界を巻き込んだ世界的な市場変動が予想される。

122-27 color LCD panels　カラー液晶パネル

LCD：liquid crystal displayの略。液晶ディスプレー（液晶表示装置）と通称訳される。この場合、タブレット型コンピューターのタッチパネル部分を指す。

124-7 EMS contractors　electronic manufacturing servicesの略。

contractorは、請負業者、受託業者。電子機器受託製造サービス（業）・OEM（セットメーカー）がデザインした電子機器の受託製造を請け負うサービスを行う会社や業態。ファブレスのOEM（Dellなど）の成長とともに拡大した。EMSは、類似の電子機器製造をOEMの枠を超えて大規模にとりまとめることにより、利益の源泉を得るビジネスモデルからスタートした。

124-8 electronic dictionary　電子辞書

文字通り、電子辞書のこと。別にcomputerized dictionaryと呼ばれることもある。今回の記事では、台湾のみならず、中国の電子辞書メーカーも参入している点が注目に値する。

124-13 precision industry　精密機械工場

precisionは、名詞では、正確さ、明確さ、制度、精密と言う意味。この場合は形容詞の「精密な」という意味で使われている。

参考　precisian：几帳面な人、preciseness：正確さ。

124-17 application　アプリケーション

コンピューター用語で、アプリケーション、機器上で使用されるソフトウェア全般のことを指している。

124-26 **fledging business**　芽生えたばかりのビジネス
fledging のほか、newcomer, entrant なども同義。

Column
英字新聞と発音矯正―セミナーへのお誘い

　現在、「日経ウィークリー」を使ったセミナーを開講しています。正しい英語の発音を整え、音速読しながら意味を把握し、情報を捉える講座です。音素から、プロソディーまで段階を経て修得していきます。

■「英字新聞をベースとした英語力養成講座」
「日経ウィークリー」音速読入門講座
　英字新聞「日経ウィークリー」を正しい英語の音で読むための英語音速読講座です。「息」の言語としての英語の特性を活かし Breath group を使ったトレーニングを段階を経て実施致します。

■「英語ヴォイス・トレーニング講座　初級編」
　英語は「息」の言葉である、という立場から、英語の正しい発音の仕方を 10 回シリーズで学習します。目からウロコ！と大好評の名物講座です。これにより英語音速読に必要な発音の基礎を習得します。英語の 27 の子音と 23 の母音の合計 50 音を一つひとつ発音できるようにし、単語レベルまでの発音を整えます。

■「英語ヴォイス・トレーニング講座　中級編」
　初級編で、英語の発音の基礎である、一つひとつの音素を発音できるようにした後、復習しながら、短文および会話文を使っ

て、英語のリズム、リエゾンの法則、英語プレゼンテーションの重要スキルである、prosody（プロソディー）の方法を習得します。

■「英語ヴォイス・トレーニング講座　上級編」

　英語発音矯正士としての発音矯正スキルまでを含む、実践的な訓練です。英語のプレゼンテーションの仕方から、プレゼンに必要な音のスキルを習得します。

　英字新聞を使って、実践的な音速読の習得をめざします。

■「英字新聞を読み解く国際情報分析講座」「浩然熟（こうねんじゅく）」

　激動のグローバリゼーションの時代を生き抜くための、国際情報分析講座です。ロジックと情報を駆使して、英字新聞から読み取れる世界の潮流・トレンドを明晰に読み解く方法を教授致します。

　また、国際人として必須の日本文化を英語で語る「日本文化講座」も合わせて受講が可能です。

＊個人、グループ、企業団体単位での参加が可能です。

詳細およびお問い合わせ：

e-mail：tll@isis.ocn.ne.jp

TLL 言語研究所；http://www.wh2.fiberbit.net/tll-english/

Marketing

Chapter 10

Investing	**Staffing agencies casting about for new sources of revenues**
1	Proposed revision of worker dispatch law bans short-term jobs

① Human resource companies are trying to reduce their dependence on <u>temporary worker dispatch services</u>, as the market is very likely to shrink once <u>a bill to revise the worker dispatch law</u> is approved during the current Diet session. Staffing agencies are stepping up their outsourcing business and expanding to overseas markets to adjust to the legal change.

② Tempstaff Co., a <u>unit</u> of Temp Holdings Co., in April set up an outsourcing business division that will perform accounting and administrative work for private- and public-sector clients. The company has <u>assigned</u> some 100 employees to the division with the aim of making outsourcing a new pillar of its business.

③ Temp Holdings had previously offered outsourcing services through several of its units, but these earned only 6.1 billion yen ($67.7 million) for the fiscal year ended March, just 3% of the group's sales, due to insufficient coordination among the units. Tempstaff, the group's core unit, has set a sales target for the outsourcing business of 5 billion yen this fiscal year.

④ Temp Holdings will soon acquire call center operator Howcom aiming to obtain contracts for call center services.

⑤ The draft revision of the worker dispatch law, in principle, will ban short-term job assignments for temps. The draft, which aims to protect workers who are vulnerable to economic changes, exempts <u>26 job categories that require highly specialized skills</u> such as interpretation from the ban.

1 人材サービス会社、新たな収益源を模索
——労働者派遣法改正案は短期就労を禁止

① 労働者派遣法改正案が今国会で成立すれば人材サービス市場が縮小するとみられることから、人材サービス各社が人材派遣サービスへの依存度軽減を模索している。各社は法改正に対応すべく、業務請負事業や海外進出を強化しようとしている。

② テンプホールディングスの子会社、テンプスタッフは4月、民間企業や官公庁の経理・総務の業務を代行するアウトソーシング事業本部を新設。同社は、アウトソーシングを経営の新たな柱に位置付けるべく、社員約100人を同本部に配置した。

③ テンプホールディングスはこれまでもグループ内の複数の会社を通じてアウトソーシング事業を手掛けてきたが、グループ内の連携が不十分で、同事業の2010年3月期の売上高は61億円と連結売上高の3%程度にすぎない。グループの中核企業であるテンプスタッフは今年度、アウトソーシング事業で50億円の売上高を目標に据えている。

④ テンプホールディングスは、さらにコールセンター企業のハウコムを買収し、コールセンター業務の受託を目指す計画だ。

⑤ 派遣法改正案は、原則として派遣労働者との短期雇用契約を禁止している。改正案の狙いは経済情勢の変化に弱い労働者を守ることにあり、通訳など高度に専門的な技能を必要とする26業務をこの禁止規定から除外している。2008年9月に米国のリーマン・ブラザーズが破綻した後の大量の雇い止めが批判されたことから、製造

Dispatching temporary workers to manufacturers will also be prohibited, after such firms were criticized for terminating the contracts of many temps following the collapse of Lehman Brothers Holdings Inc. of the U.S. in September 2008. The revised law is expected to take effect after a grace period of three to five years. The legal change is the main reason behind Temp Holdings shift to outsourcing.

⑥ Taro Ishihara, senior analyst at Daiwa Securities Capital Markets Co., said demand for temp workers is likely to grow in the short term against the backdrop of recovering corporate earnings. But the revised law will inevitably cause the worker dispatch business to shrink. Staffing agencies that can adjust to the new legal environment are expected to fare well.

(May 31, 2010)

重要単語・熟語と例文

(頁-行)

132-8 **unit** (組織における)部署、部門

The company is likely to put up its money-losing unit for sale.

(その会社は赤字続きの部署を売りに出しそうだ。)

132-11 **assign** 配置する、配属する、割り当てる

She was assigned to the head office.

(彼女は本社に配属された。)

業への派遣も禁止となる。改正法は3〜5年の周知期間を経て実施される。かような法改正が、テンプHDがアウトソーシング事業にシフトする主要因である。

⑥　大和証券キャピタル・マーケッツの石原太郎シニアアナリストは、企業の業績回復を背景に、派遣労働者需要は短期的には上向く可能性が高い、と指摘する。しかし、法改正で労働者派遣ビジネスが縮小するのは避けられそうにない。新たな法環境に適応できる人材企業が生き残ることになろう。

(2010年5月31日)

Column

受講生の反応

「日経ウィークリー」を大学の授業で使ってみたところ、意外にも「普通の(日本語の)新聞より面白い」という意見が多かった。1週間の重要ニュースが凝縮されているだけでなく、日本事情になじみの薄い外国人にもわかりやすいように、ニュースの背景がおさえられているのが、読みやすさの秘密であるようです。

関連設問

問題1 人材サービス各社は、労働者派遣法改正によって人材サービス市場にどのような変化があると考え、どのような対処をしようとしていますか。

この問題に答えるためには、第1段落の以下の部分に注目。

reduce their dependence on temporary worker dispatch services
（人材派遣サービスへの依存度を軽減する。）

outsourcing business and expanding to overseas markets
（業務請負事業や海外進出）

問題2 派遣法改正案の主な改正ポイントはどのようなものですか。

この問いに答えるためには、第5段落の以下の部分に注目。

will ban short-term job assignments for temps
（派遣労働者との短期雇用契約を禁止する。）

Dispatching temporary workers to manufacturers will also be prohibited... .
（製造業に非正規労働者を派遣することも禁止される。）

問題3 専門家は今後の派遣労働需要をどのように見ていますか。

この問いに答えるためには、第6段落の以下の部分に注目。

said demand for temp workers is likely to grow in the short term
（派遣労働者需要は短期的には上向く可能性が高い、と述べた。）

重要用語説明および背景説明

132-2　temporary worker dispatch services　人材派遣サービス

正確に訳すならば「一時雇用（非正規）労働者派遣サービス」となる。ただ、いわゆる派遣労働者の雇用主は通常、実際の職場ではなく派遣業者であるから、その職場にとって派遣労働者はみな一時雇用（非正規）労働者である。したがって「一時雇用労働者派遣サービス」と訳すと重複表現のようにも受け取れるので注意。

132-3　a bill to revise the worker dispatch law　労働者派遣法改正案

日本政府が2010年3月に閣議決定。同年6月に閉幕した第174回通常国会では可決に至らず継続審議となった。人材派遣会社があらかじめ登録した人と仕事があるときだけ雇用契約を結ぶ登録型派遣を原則禁止している。2004年に解禁された製造業派遣は、雇用期間が1年を超える常用型に限って認める。雇用を安定させるという意見がある一方、多くの失業者を生んだり、中小企業の経営に打撃を与えたりする可能性が懸念された。

132-24　26 job categories that require highly specialized skills　専門26業務

労働者派遣法の政令で定められた派遣期間制限のない業務。専門性が高く、正社員を代替する恐れが少ないとされる通訳や事務用機器操作、建築物清掃、アナウンサーなど26種類が定められている。労働者派遣法改正案では専門26業務については例外的に登録型派遣を認めている。

Investing 2

Stock brokers <u>taking advantage of</u> tweets to update investors

Text-based posts use 140 characters for detailed market info

① A growing number of stock brokerages and <u>foreign exchange margin traders</u> are finding ways to <u>take advantage of</u> the "<u>Twitter</u>" <u>microblogging service</u>, which has expanded to more than 100 million registered users worldwide.

② These companies are attracted to "Twitter," originally a <u>social network</u>, as a new tool for communication with investors. Through tweets - text-based posts of up to 140 characters put online-firms can offer more detailed market information than <u>conventional Web sites</u>, and, in their turn, investors can make <u>inquiries</u>.

③ NTT Smart Trade Inc. began tweeting its Dealers News service last month. A number of dealers working at foreign and domestic banks post on their market outlooks, investor trends and other matters.

④ The Nippon Telegraph and Telephone Corp. foreign exchange unit makes the most of retweeting, which allows users to share posts. A user who likes a tweet posted by NTT Smart Trade can employ the retweet function to copy and paste the original message and send it out to his or her own followers. In this way, the company's market information spreads even further.

⑤ "With 'Twitter,' we're receiving more questions from users and we can <u>get a handle on</u> investor needs," said an official at NTT Smart Trade. "We'll use it for future surveys and other activities."

⑥ Kakaku.com Financial Inc. has led the way among leading foreign exchange brokerages by switching its <u>currency</u> information service from a social networking site to "Twitter."

2 証券各社、「つぶやき」で投資家開拓
― 140字投稿で相場情報詳しく

① 世界中で1億人以上が登録しているミニブログ「ツイッター」を業務に活用する証券会社や外国為替証拠金取引（FX）業者が増えている。

② ソーシャル・ネットワークとして始まったツイッターだが、各企業は投資家との新たなコミュニケーションツールとして関心を寄せている。140字以内の投稿をインターネット上で「つぶやく」ことで企業は従来のウェブサイトよりもきめ細かな市場情報を提供でき、投資家は企業に質問することができる。

③ NTTスマートトレードはこの4月から「ディーラーズ・ニュース」をツイッターで配信し始めた。国内外の銀行に勤務する多くのディーラーが、彼らの相場観や投資家の売買動向などを投稿する。

④ NTTのFX業者である同社がその多くを「リツイート」し、投稿を再発信する。同社が発したつぶやきに興味を持ったユーザーは、リツイート機能で元のメッセージをコピー・ペーストして自分の投稿の読み手（フォロワー）に伝えることができる。こうして同社の市場情報はさらに拡大する。

⑤ 「ツイッターだと利用者からの質問が多く寄せられ、投資家のニーズを把握できる。今後は聞き取り調査などにも活用したい」と、同社社員は述べる。

⑥ FX大手ではカカクコム・フィナンシャルが外為情報サービスをソーシャル・ネットワーキング・サイトからツイッターに切り替えたのが先駆けだ。

⑦ The company, which handles large numbers of transactions involving emerging-market currencies, is stepping up efforts to communicate about trends in such currencies. Dealers offer their analyses of market trends as well, while questions tweeted by readers are answered in detail. Kakaku.com Financial's page has attracted more than 4,300 followers.

⑧ Since March, online brokerage SBI Securities Co. has been using "Twitter" to send out information about its financial products and services, campaigns, seminars and the like.

⑨ By skimming through posts, Hitsujikai – a celebrated blogger in foreign-currency investor circles - employs a smartphone to make optimum use of market data via "Twitter."

⑩ "Firms using 'Twitter' can create bonds with their followers by also sending out data relevant to everyday life," the blogger points out. "The ranks of companies using 'Twitter' will probably increase going forward."

(May 10, 2010)

●●●●●●● **重要単語・熟語と例文** ●●●●●●●

(頁-行)
138- 見出し **take advantage of** 〜を活用する

They took advantage of the good weather to go on a hike.

(彼らは天気が良いのを幸いにハイキングに出かけた。)

138-9 **conventional Web sites** 従来型のウェブサイト

I do not think blogs will ever totally eliminate conventional web sites.

(ブログが従来型のウェブサイトを完全に駆逐することはないと思う。)

⑦　新興国通貨の取り扱いの多い同社は、新興国の相場動向のやりとりに力を注いでいる。ディーラーによる市場分析も配信し、利用者からの質問にもきめ細かく配信する。同社のページは4,300人以上のフォロワーを得ている。

⑧　ネット証券のSBI証券は3月からツイッターを用いて自社の金融商品やサービス、キャンペーン、セミナーなどの情報を配信している。

⑨　FX投資家の間で著名なブロガー「羊飼い」さんは、高機能携帯電話（スマートフォン）で投稿を流し読みすることで、ツイッター経由の市場情報を最大限に活用している。

⑩　「羊飼い」さんは「ツイッターを活用している企業は、生活に密着したデータも流すことでフォロワーとの一体感を持つことができる。ツイッターを使う企業は今後増えるのではないか」と語る。

(2010年5月10日)

138-10 **inquiry**　質問、問い合わせ、照会

Please make an inquiry to your network administrator or provider.

（ネットワーク管理者かプロバイダーに問い合わせてください。）

138-23 **get / have a handle on**　わかる、手掛かりをつかむ

Finally I could get a handle on the true nature of the problem.

（ついに問題の本質をとらえることができた。）

138-27 **currency** 通貨

The amount of foreign <u>currency</u> reserve of the country sharply increased.
(その国の外貨準備高が大幅に上昇した。)

●●●●●●● 関 連 設 問 ●●●●●●●

(問題1) 証券各社は、従来型のウェブサイトに比べてツイッターにどのような利点があると考えていますか。

この問題に答えるためには、第2段落の以下の部分に注目。

firms can offer more detailed market information... , investors can make inquiries.
(企業はよりきめ細かな市場情報を提供でき、投資家は企業に質問できる。)

(問題2) NTTスマートトレードは今後ツイッターをどう活用したいと考えていますか。

この問題に答えるためには、第5段落の以下の部分に注目。

"We'll use it for future surveys and other activities."
(われわれは今後、それを聞き取り調査などにも活用したい。)

(問題3) カカクコム・フィナンシャルの事業の特徴はどのようなものですか。

この問題に答えるためには、第7段落の以下の部分に注目。

handles large numbers of transactions involving emerging-market currencies
(多くの新興国通貨取引を扱う。)

重要用語説明および背景説明

138-1 **foreign exchange margin traders**　外国為替証拠金取引（FX）業者

foreign exchange margin trading（外国為替証拠金取引）は、証拠金（保証金）を業者に預託し、主に差金決済による通貨の売買を行う取引。日本ではFXと呼ばれることが多いが、英語圏ではForexと呼ばれることが多い。

138-3 **Twitter**　ツイッター

2006年7月にObvious社（現Twitter社）が開始したサービス。個々のユーザーが「ツイート」と呼ばれる短文を投稿し、ほかのユーザーがそれに返信したり、その投稿を再投稿したりすることで、ゆるやかなつながりが発生するコミュニケーション・サービス。「ツイート」（tweet）は、英語で「鳥のさえずり」の意味だが、日本では「つぶやき」と意訳され定着している。

138-3 **microblogging service**　ミニブログ、マイクロブログ

利用者間の短文の投稿によって簡易なコミュニケーションを形成するサービス。ブログの一種であるがSNSに数えられることもある。

138-6 **social network (ing service)**　ソーシャル・ネットワーク・サービス（SNS）

インターネット上で、社会的ネットワークを構築するサービス。利用者自身を紹介するスペースやブログのほか、共通の関心・趣味を持つ者が集結するコミュニティ機能を提供するものが多い。

Chapter 11

Price Report/Features

1 **Consumers going online, duty-free for luxury foreign brand goods**

① Sales of foreign luxury items are down, but they may not be as bad as official figures indicate. That is because Japanese are increasingly shunning high-end boutiques in Japan in favor of online stores and overseas duty-free shops, whose sales are not included in the official figures.

② This shift in shopping preferences was revealed by a Nikkei survey conducted by Rakuten Research Inc. on May 10–13. The poll covered 500 women in their 20s to 60s who had purchased such foreign luxury brand items as clothing, bags and shoes in the past three years.

③ Of the respondents, 75% said they had bought high-end brand goods in the past 12 months. The most common place of purchase was department stores, at 32%; followed by outlet stores, 26%; overseas duty-free shops, 26%; online shops, 24%; and domestic boutiques of each brand along major streets, 13%.

④ Japanese consumers have wider choices recently to buy luxury goods using the strong yen, discount outlets and online.

⑤ A 30-year-old Tokyo woman said she usually buys high-end shoes or dresses online. Her latest purchase was a pair of pumps from French brand Balenciaga, which she bought via Italian online store "Yoox.com." She said the 22,000 yen ($239) she paid for the shoes is less than half of what an authorized retailer would have charged. "I only buy such luxury brand goods as shoes or one-piece clothes online," she added.

⑥ In 2009, of France saw its Japanese sales fall 19%, but that

1 消費者は贅沢な舶来ブランド品をオンラインや免税店で

① 舶来の高級品販売は落ちこんでいるが、公式の数字ほど悪くはない。日本人は、高級ブティックを避け、公式の数字には含まれない通信販売や海外免税店で購入することが多くなっている。

② 5月10-13日に楽天リサーチが行った日経アンケートによって、この傾向が明らかになった。過去3年以内に衣服、バッグ、靴などの舶来高級ブランド品を購入した20代から60代の女性500人を対象としたアンケートだった。

③ 回答者の75％は過去12カ月以内に高級ブランド品を購入した。最も人気の高い購入場所は32％の百貨店で、26％のアウトレット店、26％の海外免税店、24％のオンライン、13％の主要通りにある各ブランドの国内ブティックと続く。

④ 円高を背景に、日本人消費者はディスカウント・アウトレット店やオンライン等、高級品購入時に幅広い選択肢を持っている。

⑤ ある東京在住30歳の女性は、通常、オンラインで高級靴やドレスを購入すると言う。彼女は最近、イタリアのオンライン店"Yoox.com"でフランスのブランドであるバレンシアガのパンプスを購入した。価格は22,000円（239ドル）で、国内正規代理店の半額以下だと言う。彼女は、「私は靴やワンピースのような高級ブランド品しかオンラインでは購入しません」と付け加えた。

⑥ 2009年、フランスのモエ・ヘネシー・ルイ・ヴィトン社は日本

figure does not include purchases at online stores and overseas duty-free shops.

⑦ The strong yen has revived Japanese travelers' interest in duty-free shopping. At Lotte Duty Free shops in South Korea, the total value of brand item purchases by Japanese customers <u>surged</u> more than 70% last year, even though the number of Japanese visiting the country increased only 28%.

⑧ In Hawaii, such sales at DFS Galleria increased 2% in 2009 despite a 5% slide in the number of Japanese visitors to the state. Japanese shoppers who bought more than $5,000 grew as much as 20%.

⑨ A female worker in Tokyo went to Hawaii and bought a French luxury bag Chloe at about 100,000 yen. "The strong yen gave me the feeling that luxury brand items are a bargain," she said.

⑩ Although purchases at overseas tax-free shops by Japanese tourists are not so strong as in the bubble era in the late 1980s, the purchases have been increasing since last year. The survey showed popular luxury items sold in tax-free shops overseas are around 15–40% cheaper than those sold in direct–run boutiques in Japan.

⑪ Outlet shops are another increasingly popular shopping destination for <u>brand hounds</u>. The number of Japanese outlet stores of U.S. fashion brand Coach has jumped to 24 from just 11 in March 2007. Sales at those stores are included in official figures, but the growing presence of these discount shops pushes down unit prices.

⑫ The survey suggests that <u>latent</u> demand for luxury goods among women remains <u>robust</u>, with 25% of all respondents saying they plan to spend more on luxury goods once the economy recovers. Among women in their 20s, the ratio was as high as 42%.

(June 14, 2010)

での売上げが19％ダウンしたが、オンライン店や海外免税店での販売は含まれていなかった。

⑦　円高のおかげで日本時観光客の免税品ショッピングが回復している。韓国を訪れる日本人は28％しか増加していないのに、ロッテ免税店では、日本人客のブランド品購入総額が昨年より70％以上も急増した。

⑧　2009年、ハワイを訪れる日本人は5％減少したにもかかわらず、DFSギャラリアでは、日本人客のブランド品購入総額が2％増加した。5000ドル以上を使った日本人顧客も20％増えた。

⑨　東京のOLがハワイへ行きフランスのクロエ高級バッグを約10万円で購入した。「円高のおかげで高級ブランド品もバーゲン品のように思えます。」

⑩　海外免税店での日本人観光客による購入額は1980年代後半のバブル期ほどではないが、昨年より増加傾向にある。アンケートによると、海外免税店での人気高級品は、日本の直営店よりも15～40％価格が低い。

⑪　アウトレット店もブランド好きには人気の高い場所だ。日本に出店しているアメリカのファッションブランド「コーチ」のアウトレット店は、2007年3月には11店舗だったが、24に飛躍した。アウトレット店での売上げは公式数字に含まれるが、出店数が多くなったので、単価を下げている。

⑫　アンケートによると、女性の潜在的高級品需要はしっかりとしており、景気が回復すればもっと高級品を買う予定だと回答者の25％が答えていた。20代の女性にターゲットを絞れば、この割合が42％にまでなった。

(2010年6月14日)

重要単語・熟語と例文

(頁-行)

144-3 **shun** 避ける

Many consumers <u>shun</u> foreign goods.
(多くの消費者は外国商品を<u>避ける</u>。)

144-3 **high-end** 高級な

<u>High-end</u> labels such as Hermes and Chanel enjoy much popularity in Japan.
(エルメスやシャネルのような<u>高級</u>ブランドは日本で大いに人気がある。)

146-6 **surge** 急増する

Total vehicle sales <u>surged</u> 56% in March from a year earlier.
(3月の車の販売台数は1年前よりも56%<u>急増した</u>。)

146-23 **brand hound** ブランド好き

I realized I was a <u>brand hound</u> when I looked at all my high-end brand items.
(自分が持っている高級ブランド品を見ると<u>ブランド好き</u>だと自覚した。)

146-28 **latent** 潜在的な

The demand for high-end ice cream products is currently <u>latent</u>.
(高級アイスクリーム商品への需要は現在まだ<u>潜在的</u>なものだ。)

146-29 **robust** 強固な

Domestic car sales in India surged in May on the back of <u>robust</u> demand.
(5月、インドの国内自動車販売は<u>強固な</u>需要に支えられて急増

した。)

関　連　設　問

問題1　消費者は高級ブランド品をどこで購入しますか。

第3段落 "The most common... each brand along major streets, 13%." 参照。

百貨店、アウトレット店、海外免税店、オンライン店、国内ブティック

問題2　ルイ・ヴィトンの公式売上げに示されないのはどこで販売したものですか。

第6段落 "In 2009... at online stores and overseas duty-free shops." 参照。

オンライン店と海外免税店での販売。

問題3　どうして最近免税店の品物は安くなったのですか。

第7段落 "The strong yen... travelers' interest in duty-free shopping." 第7、8、9段落の販売データおよび第9段落 "The strong yen... items are a bargain," 参照。

円高の影響で免税店の品物が安く購入できるようになった。

問題4　中期的に見て、高級ブランド品販売は増加傾向にありますか。

第12段落 "The survey suggests... Among women in their 20s... 42%" 参照。

はい、アンケート調査によると景気回復すれば購入するとの回答が多い。

重要用語説明および背景説明

＊ブランド品は百貨店や国内ブティックで購入するというのが主流でしたが、インターネットが普及すると価格の安いオンライン店の利用が増えました。オンラインだと、価格面だけではなく、好きなときにショッピングを楽しむことができ、出かける手間も省けます。また、円高になると海外免税店の品物は安くなります。例えば、仮に昨年＄1＝￥1000、今年は＄1＝￥100としましょう。海外免税店において＄1000で販売しているブランド品は、昨年は100万円ですが、今年になると同じブランド品が10万円で購入できます。

この記事をもとに経営に関して考えてみましょう

＊あなたはランド品販売会社経営者。どこで販売するのが最適だと思うか？
　（判断をする際、異なる販売場所でのプラス面とマイナス面を検討しましょう。）

＊あなたはルイ・ヴィトン社の担当者。どの販売方法を採用すべきか？　利益をあげるためにオンライン販売を採用？　国内ブティックを減らす？
　（マーケティングのケーススタディです。国内ブティックはルイ・ヴィトン社の価値を高めるでしょうか？　オンライン販売は会社にとって利益を上げる機会になるか、それとも利益を減じる脅威になるか、考えてみましょう。）

151

**Price Report/
Features**

	Putting a more global face forward (Features)
Price Report/ Features	
2	**Japanese companies <u>cultivating</u> workers who can help them compete around world**

① Japanese firms are striving to cultivate workers able to perform effectively amid intensifying global competition, but uneven management practices are <u>hampering</u> their efforts.

② Barriers to advancement and other obstacles faced by non-Japanese employees make Japanese companies less attractive to overseas talent, and firms outside Japan seem to be several steps ahead in terms of becoming more international. South Korea's., for example, sends as many as 300 young workers to overseas offices every year.

③ To <u>hone its competitive edge</u> in an increasingly globalized business environment, Japan Inc. must eliminate barriers between Japanese and foreign workers as quickly as possible.

④ NEC Corp. <u>is scrambling to</u> give its young recruits rich overseas experience.

⑤ A second-year employee from Japan who was dispatched to the firm's office in Nairobi, Kenya, now wrestles daily with communications device problems in the Zambian capital of Lusaka. He is one of some 40 employees selected for an overseas program NEC recently began.

⑥ The program is not a job-training endeavor. Its participants are given specific assignments and work out problems together with local staff.

⑦ The program came about when Chairman Kaoru Yano realized his company lacked candidates with diverse overseas experience to fill future executive positions. The realization hit home after the firm withdrew from foreign personal computer and mobile phone markets.

⑧ Shiseido Co.–which has been tapping demand in

2 もっとグローバルな顔を表に出そう
世界中での競争を支援できる社員を育てる日本企業

① 世界規模の競争が激化する中、日本企業は効率的な仕事ができる社員を育てることに力を注いでいるが、不均等な経営習慣がその努力に水を注いでいる。

② 非日本人社員が直面する昇進の障害やその他の障壁があるので、日本企業は海外の有能な人にとって魅力的とはいえない。海外企業は日本企業よりも国際化が数段進んでいる。例えば、韓国のサムスン電子は毎年300人もの若い社員を海外事務所に送り出している。

③ ますますグローバル化するビジネス界で競争力に磨きをかけるには、日本企業は日本人と外国人社員の間にある障壁をできるだけ早く取り去らねばならない。

④ NECは大急ぎで若い新入社員に豊かな海外経験を積ませようとしている。

⑤ 入社2年目の社員が日本からケニヤのナイロビ事務所に派遣され、現在は、ザンビアの首都ルサカで日々通信機器問題に対処している。この人はNECが最近始めた海外プログラムに選抜された40人余りの社員の一人である。

⑥このプログラムは研修ではない。参加者には特定の任務が与えられ、現地スタッフと協力して問題を解決しなければならない。

⑦ 代表取締役会長矢野薫が、将来の重役候補者に必要な多様な海外経験を備えた人材が会社にいないとわかった時、このプログラムができた。パーソナル・コンピュータと携帯電話の海外市場から撤退した後で矢野氏は自覚した。

⑧ 資生堂はモロッコ、ラオス、アゼルバイジャン等、新興市場に

Morocco, Laos, Azerbaijan and other emerging markets - has learned the hard way how <u>fierce</u> the competition is when it comes to recruiting capable workers.

⑨ Because it pales in comparison with major Western firms in terms of name recognition and personnel system transparency, Japan's leading cosmetics maker has been unable to prevent its overseas executives from being head-hunted by rivals.

⑩ The company is trying to fix the problem by resolving a difference in promotion criteria between Japanese and foreign employees.

⑪ In the second half of this fiscal year, Shiseido plans to unify its personnel evaluation standards for those holding managerial or higher positions. The change will affect 1,800 workers in Japan and 330 employees at local firms in 17 countries and regions.

⑫ Under the new standards, workers will be given one of 20-plus ratings based on job type, responsibility and performance.

⑬ "Nationality will not matter (for promotion), and we have made sure that all employees are to be evaluated on an equal footing," said Mitsuo Takashige, general manager of Shiseido's personnel department. "We want to increase the number of foreign presidents."

⑭ Of the firm's 26 overseas subsidiaries, almost half have Japanese presidents. The company expects that equal opportunity for promotion will help boost worker morale.

(June 7, 2010)

進出していったが、有能な社員を獲得する競争が非常に厳しいことを身にしみて感じた。

⑨　名声や人事制度の透明性で主要欧米企業に見劣りするために、日本の主要な化粧品会社は海外幹部が引き抜かれるのを止めることができないでいる。

⑩　資生堂は日本人社員と外国人社員の昇進基準の相違をなくすことでこの問題を解決しようとしている。

⑪　今年度後期、資生堂は管理職以上の人事査定基準を統一する予定だ。この変更によって日本で1800人、17の国と地域にある現地事務所で330人の社員が影響を受けることになる。

⑫　新基準下では仕事の型、責任、実績等から社員は20余の等級で査定される。
⑬　「(昇進に) 国籍は無関係で、全社員が平等に査定されるようにしました。外国人社長の数を増やしたい」と資生堂人事部長高重三雄は述べた。

⑭　資生堂の26の海外子会社のうち、約半分の社長は日本人だ。資生堂は、昇進の平等化によって社員のやる気が高まるだろうと期待している。

(2010年6月7日)

重要単語・熟語と例文

(頁-行)

152-リード **cultivate** 育てる

The company launched a program to cultivate workers with advanced skills.

(その会社は高い技術をもった社員を育てるプログラムを立ち上げた。)

152-3 **hamper** 妨げる

A lack of funding is hampering efforts to assist vulnerable Iraqis.

(資金不足で脆弱なイラク人を手助けすることができない。)

152-10 **hone its competitive edge** 競争力を磨く

These people are honing their competitive edge.

(これらの人々は競争力を磨いている。)

152-13 **scramble to** 急いで〜する

Many publishers are scrambling to provide iPad compatible content.

(多くの出版社がiPad用コンテンツを提供できるように急いでいる。)

152-25 **hit home** 急所を突く、胸にこたえる

Consumer spending has been decreasing as tax rises have begun to hit home.

(増税の悪影響で、消費者支出は減少している。)

154-2 **fierce** 激しい、すさまじい

The competition to recruit the top graduates is fierce.
(最優秀卒業生を獲得する競争は熾烈なものだ。)

関連設問

問題1　日本企業が国際競争力を高める手段は何ですか？

最初の10段落、特に第2段落 "Barriers to advancement... less attractive to overseas talent" 第3段落 "Japan Inc. must eliminate... foreign workers as quickly as possible" 第7段落 "Chairman Kaoru Yano... fill future executive positions." 参照。

海外経験があり国際的に活躍できる人材を育てる

問題2　資生堂は経験からどのような教訓を学びましたか？

第9段落 "Shiseido... pales in comparison in terms of... personnel system transparency... from being head-hunted by rivals" 第10段落 "The company is trying to... difference in promotion criteria between Japanese and foreign employees." 参照。

ライバル会社による有能な幹部引抜きを阻止できないので、昇進基準を変えた。

重要用語説明および背景説明

年功序列制度

年齢と経験が昇進に大きな影響を及ぼす制度。経験、年齢、日本を含むアジアの伝統的価値観を重んじた制度。この制度によって、生産性が低下し、品質が悪くなり、業績も悪化したという批判が出てきた。その結果、能力主義が台頭することとなった。つまり、昇進等は社員の能力（成績）に基づいて行われるようになった。

Chapter 12

Editorial & Commentary 1

U.S. nuke action welcome, but must include China

① The new nuclear policy guidelines unveiled by the Barack Obama <u>administration</u> should be welcomed, as they mark a major step toward creating a world free of nuclear arms. We must hasten to add, however, that the achievement of this
5 goal will require halting the steady <u>buildup</u> of China's nuclear arsenal.

② In its latest Nuclear Posture Review, Washington <u>renounced</u> the use of nuclear weapons against non-nuclear states, as well as the development of new nuclear <u>warheads</u>. The new policy
10 stance came on the heels of an agreement reached by the U.S. and Russia to sharply reduce their strategic nuclear <u>warheads</u>.

③ It merits special mention that the U.S. has promised to <u>refrain from</u> using nuclear weapons against non-nuclear states that strictly observe the terms of the Nuclear Non-<u>Proliferation</u>
15 Treaty, and to <u>retaliate</u> against attacks with chemical and biological weapons by, in principle, using <u>conventional</u> weapons. This stance is apparently designed to convince non-nuclear states that <u>compliance</u> with the NPT obligations would enhance their security interests, thus helping to prevent nuclear
20 proliferation.

(omission of 2 paragraphs)

④ The U.S. and Russia signed a new nuclear <u>disarmament</u> pact in Prague on April 8, binding each of them to limiting the number of strategic nuclear warheads they deploy to 1,550-
25 roughly a quarter of the ceiling set by Strategic Arms Reduction

1 アメリカの核軍縮は歓迎だが中国を含めなくてはならない

① オバマ政権によって発表された、新たな核政策の指針は歓迎されるべきだ。それは「核なき世界」を創りだすための大きな一歩を記すものだからである。しかしながら、我々は急ぎ付け加えなければならない。この目標を達成するためには、着実に増強している中国の核兵器保有を停止させなければならないと。

② 新しい核戦略体制見直し(NPR)の中でアメリカは、新たな核弾頭の開発と同様に、核非保有国に対する核兵器の使用を放棄した。この政治姿勢は、アメリカとロシアとの間の核弾頭を大幅に削減するという合意のすぐ後に示された。

③ 特筆に値するのは、核兵器不拡散条約(NPT)の条件を厳密に遵守する核非保有国に対しては、アメリカは核兵器を使用しない、また化学兵器や生物兵器による攻撃に対して、原則として、通常兵器で報復すると約束したことである。このスタンスが意図しているのは、核非保有国に、NPTの義務を遵守することが自国の安全保障の利益を促進するのだと確信させることによって、核の拡散を防ごうということである。

(2つのパラグラフを省略)

④ アメリカとロシアは4月8日にプラハで新たな核軍縮条約に調印し、戦略核弾頭の配備数の上限を1,550発までとした。これは戦略兵器削減交渉1(START1)で設定された上限のおよそ4分の1である。

Treaty (START) 1.

⑤ Washington is also urging Russia to agree to bilateral talks on cutting back on tactical nuclear warheads. Between them, the two countries possess more than 90% of the world's nuclear weapons, so they have an obligation to reduce their nuclear arsenals further.

⑥ That said, the more the U.S. and Russia scale down their nuclear arsenals, the more China's relative importance as a nuclear power rises. China has expanded its nuclear arsenal significantly in recent years, and its nuclear strategy is quite opaque, causing the U.S. to look upon it with suspicion. All these facts make it absolutely necessary to limit the size of China's nuclear stockpile.

⑦ Japan, the only country to have suffered a nuclear attack, welcomes the current disarmament efforts, but it is also true that it has been protected by the U.S. nuclear umbrella. For this reason, the Yukio Hatoyama government must prevent a situation that would undermine the U.S. nuclear <u>deterrent</u> against China and North Korea.

⑧ Above all, Tokyo must resolve pending issues, such as the relocation of the U.S. Marine Corps Air Station Futenma in Okinawa Prefecture, as quickly as possible to further strengthen its alliance with Washington. This would be the most effective way to help the U.S. push ahead with its ongoing nuclear disarmament efforts while maintaining the credibility of its nuclear deterrent.

(April 12, 2010)

⑤ アメリカはまた、ロシアに、戦術的核弾頭を削減するための二国間協議に合意するよう求めている。この二国で世界の核兵器の90％以上を保有しているから、二国は協力して核兵器の保有量をさらに削減すべき義務を負っている。

⑥ しかし、アメリカとロシアが核保有量を縮小すればするほど、核保有国としての中国の相対的な重要性は増すことになる。中国は近年、著しく核保有量を増大している。そしてその核戦略はまったく不透明であり、アメリカに疑念を抱かせている。これらのすべての事実からして、中国の核兵器の備蓄量を制限することは絶対に必要である。

⑦ 日本は唯一の被爆国として、最近の軍縮の努力を歓迎する。しかし、わが国がアメリカの核の傘によって守られてきたのも事実である。この理由から、鳩山政権は、中国や北朝鮮に対するアメリカの核抑止力を損なうような状況は回避しなくてはならない。

⑧ 何よりもまず、日米同盟をさらに強化するため、日本はできるだけ早く懸案事項を解決しなければならない、例えば沖縄の米海兵隊の普天間飛行場の移設などである。これが、アメリカの核抑止力の信頼性を維持しながら、進行中の核軍縮努力の推進を助ける最も効果的な方法であろう。

(2010年4月12日)

162

重要単語・熟語と例文

(頁-行)

158-2 **administration**　政府・政権・行政・管理・経営

The Obama administration sent a bill for $99.7 million to BP.

(オバマ政権は BP に 9970 万ドルを請求した。)

158-5 **buildup**　(兵力などの) 増強・強化

The Prime Minister expressed concern over China's military buildup.

(首相は中国の軍備増強への懸念を表明した。)

158-7 **renounce**　〜を放棄する

The Japanese people forever renounce war as a sovereign right of the nation.

(日本国民は国権の発動たる戦争は永久にこれを放棄する。)

158-9 **warhead**　(ミサイル・魚雷などの) 実弾頭

The two countries agreed to cut strategic nuclear warhead deployments.

(二国は、戦略核弾頭の配備数を減らすことで合意した。)

158-13 **refrain from 〜**　〜を差し控える・自制する・やめる

I refrain from drinking alcohol before driving.

(私は運転の前には飲酒を控える。)

158-14 **proliferation**　拡散・増殖

We must stop the proliferation of nuclear weapons.

(私たちは核兵器の拡散を阻止しなくてはならない。)

158-15 **retaliate**　仕返しする・報復する

They retaliated against government military operations by suicide bombing.

（彼らは政府の軍事行動に対して自爆テロで報復した。）

158-16 **conventional**　慣習の・従来型の・核兵器を使わない

Examples of conventional weapons are landmines, rifles and grenades.

（通常兵器とは、例えば、地雷・ライフル・手榴弾などである。）

158-18 **compliance**　（規則などの）順守・従うこと

The organization watches its member countries' compliance with the law.

（その組織は、加盟国の法令の順守を監視する。）

158-22 **disarmament**　軍備縮小・武装解除

Iran says it will host a nuclear disarmament conference next year.

（イランは来年、核軍縮会議を主宰すると言っている。）

160-18 **deterrent**　引き止めるもの・戦争抑止力

Possession of nuclear weapons acts as a deterrent against war.

（核兵器の所有が戦争の抑止力となる。）

関　連　設　問

問題1　核戦略体制の見直しで、アメリカは何を放棄しましたか？

この問いに答えるためには、第2・第3段落の以下の部分に注目。

"Washington renounced the use... as well as the development of new nuclear warheads."

（アメリカは、新たな核弾頭の開発と同様に、核非保有国に対する核兵器の使用を放棄した。）

"the U.S. has promised to refrain from using... the Nuclear Non-Proliferation Treaty."
（核兵器不拡散条約（NPT）の条件を厳密に遵守する核非保有国に対しては、アメリカは核兵器を使用しない。）

問題2 核保有量の増大が懸念される核保有国はどこですか？

この問いに答えるためには、第6段落の以下の部分に注目。

"the more the U.S. and Russia... , causing the U.S. to look upon it with suspicion."
（アメリカとロシアが核保有量を縮小すればするほど、核保有国としての中国の相対的な重要性は増すことになる。中国は近年、著しく核保有量を増大している。そしてその核戦略はまったく不透明であり、アメリカに疑念を抱かせている。）

重要用語説明および背景説明

158-7 Nuclear Posture Review (NPR) 核戦略体制の見直し

今後5年から10年間のアメリカの核抑止政策、戦略や体制を包括的に見直すもの。2002年以来の発表となる今回は、オバマ大統領が2009年4月のプラハ演説で示した、核の危険を減少させ、核兵器のない世界を実現するための具体的な政策等を示す。

158-14 Nuclear Non-Proliferation Treaty (NPT)
核拡散防止条約

核軍縮を目的に、アメリカ合衆国・ロシア・イギリス・フランス・中華人民共和国の5カ国以外の核兵器の保有を禁止する条約。核不拡散・核軍縮・原子力の平和的利用のために国連で採択され、1970年3月に発効した。締約国は190か国（2010年6月現在）。

非締約国はインド、パキスタン、イスラエル。

158-25 Strategic Arms Reduction Treaty (START)
戦略兵器削減条約

第一次戦略兵器削減条約（START I）は、1991年にアメリカ合衆国とソビエト連邦との間に結ばれた軍縮条約の一つ。1993年にはSTART IIがアメリカ合衆国とロシアの間で調印されたが、結果として発効しなかった。2010年4月8日、オバマ大統領とメドベージェフ大統領はチェコのプラハで、START I（昨年12月失効）に代わる新たな核軍縮条約（START IV）に調印した。

戦略核と戦術核
核兵器は目的あるいは輸送手段によって「戦略核」と「戦術核」に分けられるが、定義は曖昧である。一般には「戦略核」は、相手国を直接攻撃できるほど長距離で使える核兵器で、ICBM（大陸間弾道ミサイル）・SLBM（潜水艦発射弾道ミサイル）など。「戦術核」は射程距離が短く、戦場で使用できる核兵器で、米ソ間の核軍縮協定などでは射程距離500km以下のものが戦術核兵器であると定義されている。

中国の軍事力
米国防総省は、中国の軍備増強に対して警戒感を強めている。2010年8月16日に発表した年次報告書で「中国軍の能力は東アジアの軍事バランスを変える重大な要因だ」とし、中国が2010年内に初の国産空母の建造を始める可能性・推定射程距離約1000マイルの対艦弾道ミサイル開発への投資・中国軍が情報戦争の専任部隊を設置したこと等に触れている。さらに、中国の不透明な国防関連の費用について、2009年は約12兆8000億円に上ると推計している。

Editorial & Commentary 2

Japan should speed <u>fiscal</u> reform after G-20

① Leaders from the Group of 20 advanced and <u>emerg</u>ing economies <u>declared</u> at their recent meeting that developed countries will at least halve fiscal deficits by 2013 and <u>stabilize</u> or reduce government <u>debt</u> - to - gross domestic product ratios by 2016.

② Japan, given its bleak fiscal situation, was treated as an exception to the <u>commitment</u>, with the declaration saying the fiscal consolidation plan and growth <u>strategy</u> Prime Minister Naoto Kan's government announced is welcome.

③ Japan can by no means be proud of the exceptional treatment. The government should tackle fiscal reform in a tangible manner so as not to lose market confidence.

④ Canada pressed for an international numerical target for fiscal reform and European nations supported this as the sovereign debt crisis triggered by Greece has become linked to the global financial crisis. European Union member countries are already <u>striving for</u> fiscal rehabilitation by reconfirming the target of cutting their government debt - to - GDP ratios to 3% or less from 2013 to 2014.

⑤ The U.S. administration of President Barack Obama stressed its readiness to strive for fiscal consolidation while pursuing an economic recovery as its priority. It reportedly accepted the Canadian proposal <u>on the grounds that</u> no disciplinary action should follow if the target fails to be cleared.

⑥ The joint declaration from the G-20 leaders <u>referred to</u> "growth-friendly fiscal consolidation."

⑦ European countries are not seeking fiscal rehabilitation with tax <u>hikes</u> alone. Enhancing economic efficiency by streamlining

2　G-20会議を終えて日本は財政改革を急ぐべきだ

① 先進国と新興経済国とのG-20の国々のリーダー達は、今回の会議で宣言した。先進国は2013年までに財政赤字を少なくとも半分にし、2016年までには国内総生産（GDP）に対する政府債務の割合を安定させる、あるいは減少させると。

② 日本は、その厳しい財政状況から、この義務の例外として扱われ、宣言の中で、菅直人首相の発表した財政健全化および成長戦略は歓迎だ、とされた。

③ 日本は、この例外的待遇を決して誇りに思うようなことがあってはならない。政府は目に見えるような方法で財政改革に取り組み、市場の信頼を失わないようにするべきだ。

④ カナダは財政改革の国際的な数値目標を主張し、ヨーロッパの国々はこれを支持した。ギリシャによって惹き起こされた国家財政危機が、世界中の財政危機にリンクしているからである。EU加盟国はすでに、2013年から2014年までに政府債務残高のGDPに対する割合を3％以下に減らすという目標を再確認して、財政再建に取り組んでいる。

⑤ オバマ大統領のアメリカ政府は、景気の回復を最優先課題としつつも、財政再建に取り組む用意があると強調した。アメリカは、もし目標が達成できなくても懲戒行為を伴わないという前提でカナダの提案を受け入れたと報じられている。

⑥ G-20の指導者達による共同宣言は「成長に優しい財政再建」を謳っている。

⑦ ヨーロッパの国々は、増税だけで財政再建をしようとしているのではない。公的部門を合理化して経済効率を高めること、例えば

the public sector through such means as cutting government workers' pay, privatizing state-run enterprises and hiking the age at which pensions become payable are among core fiscal reform steps.

(omission of 2 paragraphs)

⑧ With the G-20 declaration treating Japan as an exception, the Kan government did not have to accept an impossible fiscal reform target. But it is extremely serious if the exceptional treatment expresses international recognition that Japan cannot address its fiscal crisis.

⑨ The Japanese government should immediately review its spending structure and show a plan for fiscal consolidation including a consumption tax hike. Otherwise, Japan will fall off the international stage.

(July 5, 2010)

重要単語・熟語と例文

(頁-行)

166-見出し **fiscal**　国庫の・財政上の・会計の

この社説の中に6例ある。fiscal reform　財政改革・fiscal deficit　財政赤字・fiscal consolidation　財政再建・bleak fiscal situation　厳しい財政状況・fiscal rehabilitation　財政再建・fiscal crisis　財政危機

166-1　**emerge**　現れる・浮上する・(問題が) 持ち上がる

The Prime Minister met with the leaders of five emerging economies.

(首相は、新興国5カ国の首脳たちに会った。)

公務員の給与カット・国営企業の民営化・年金受給年齢の引き上げなどが主な手段である。

（2つのパラグラフを省略）

⑧　日本を例外扱いするG-20宣言のおかげで、菅政権は不可能な財政再建目標を受諾する必要はなかった。だが、もしこの特別扱いが、日本は財政危機を処理できないという国際社会の認識を示すものだとすると、ことは非常に重大である。

⑨　日本政府は直ちに財政支出の構造を見直し、消費税の引き上げを含む財政再建計画を示さなくてはならない。さもなければ、日本は国際舞台から転落するであろう。

(2010年7月5日)

Editorial & Commentary

●●●●●●●●●●●●●●●●●●●●●●●●●●●●●●

166-2　**declare**　〜を宣言する・言明する・〜を申告する

　名詞は　**declaration**

Louisiana Governor Bobby Jindal on Thursday declared a state of emergency.
（ルイジアナ州知事のボビー・ジンダルは木曜日、非常事態を宣言した。）

166-4　**debt**　借金・負債・債務

We can cut the national debt by reducing spending.
（我々は支出を減らすことによって国家債務を減らせる。）

national debt = government debt = sovereign debt 国家［政

府］債務・国債

166-3 **stabilize** 〜を安定(化)させる

After the Greek debt crisis, Germany tried to stabilize the euro zone.

(ギリシャの経済危機の後、ドイツはユーロ圏を安定化させようとした。)

166-7 **commitment** 献身・責任・約束・義務

The leaders reaffirmed their commitments to achieve lasting peace.

(首脳たちは恒久平和実現への決意を新たにした。)

166-8 **strategy** 戦略・方策　形容詞は **strategic**

Panasonic recently announced its management strategy for 2011.

(パナソニックが2011年の経営戦略をこのほど、発表した。)

166-17 **strive for〜** 〜のために懸命に努力する・〜を得ようと奮闘する

People are striving for a democratic, peaceful and healthy nation.

(人々は、民主的で平和で健全な国家のために努力している。)

166-23 **on the ground(s) that** 〜を根拠［理由・原因］として

He was released on the ground(s) that the evidence was insufficient.

(彼は証拠不十分という理由で釈放された。)

166-25 **refer to** 〜と呼ぶ・〜に言及する・〜を参照する・〜を付託する

He referred to protecting the human rights of Tibetans.

(彼はチベット人の人権を守ることについて言及した。)

166-28 **hike** 値上げ・引き上げ・引き上げる

この社説で3例。tax hikes 増税　hiking the age（受給）年齢の引き上げ　a consumption tax hike 消費税の引き上げ
The company promised a 20 % wage hike.
（会社は20%の賃上げを約束した。）

●●●●●●●●　関　連　設　問　●●●●●●●●

問題1　G-20サミットの首脳宣言の内容はどんなものでしたか？

この問いに答えるためには、第1段落の以下の部分に注目。

"... developed countries will at least halve fiscal deficits... ratios by 2016."
（先進国は2013年までに財政赤字を少なくとも半分にし、2016年までには国内総生産（GDP）に対する国の負債の割合を安定させる、あるいは減少させる。）

問題2　日本はどんな待遇を与えられましたか？　これからどうすべきですか？

この問いに答えるためには、第2・第3・第9段落の以下の部分に注目。

"Japan, given its... situation, was treated as an exception to the commitment,"
（日本は、その厳しい財政状況から、この義務の例外として扱われた。）

"Japan can by no means be proud of... so as not to lose market confidence."
（日本は、決してこの例外的待遇を誇りに思うようなことがあっ

てはならない。政府は目に見えるような方法で財政改革に取り組み、市場の信頼を失わないようにするべきだ。)

"The Japanese government should immediately... a consumption tax hike."
(日本政府は直ちに財政支出の構造を見直し、消費税の引き上げを含む財政再建計画を示さなくてはならない。)

重要用語説明および背景説明

166-見出し **G-20**

G-20（Group of Twenty）とは20ヶ国・地域の財務大臣・中央銀行総裁会議(G20財務相・中央銀行総裁会議)のこと。G8参加国・地域に新興経済国11カ国が加わり、1999年より開催。世界金融危機の深刻化を受けて、2008年からは20ヶ国・地域首脳会合（G-20 Summit）も開催されている。G-20の国内総生産（GDP）を合計すると世界のGDPの90％ほどを占め、貿易総額は世界の80％である。参加国はアメリカ合衆国・アルゼンチン・イギリス・イタリア・インド・インドネシア・オーストラリア・カナダ・韓国・サウジアラビア・トルコ・中国・ドイツ・日本・ブラジル・フランス・南アフリカ共和国・メキシコ・欧州連合・ロシア。

ギリシャ経済危機と日本

ギリシャではパパンドレウ政権発足後、前政権による巨額の財政赤字隠しが発覚。2009年の財政赤字は国内総生産（GDP）比12.7％で、EUの財政基準3％の4倍以上に。その後、財政赤字は13.6％にまで膨らんだ。ギリシャ政府はEUの共通通貨ユーロ導入国としては初めてユーロ圏諸国とIMFに金融支援を要請した。一方、日本のGDPに対する財政赤字比率は7.4％だが、総債務

比率は先進国で最悪で、1990年代初めには60〜70％であったが、長期不況の際に景気対策として実施された財政支出によって借金がかさみ、最近は170〜180％である。

Column

「日経ウィークリー」を読んで、留学生と対話する

　「日経ウィークリー」は政治・経済を中心に社会・文化・科学技術など多岐にわたる記事が毎週バランス良く掲載されているので、いわゆる「英語力」の増強に役立つのはもちろん、社会人としての常識やグローバルな物の見方が自然と身につきます。

　私どもの教室では「日経ウィークリー」の記事を読んできては留学生の方とディスカッションする授業を行っていますが、この新聞は留学生にとっても記事が大変興味深いと評判です。

　一方、我々は知らなかった単語や言い回しを辞書で調べながら、そして他国の制度や文化と比較をしながら、毎回楽しく勉強しているうちに「真の英語力」がついていく手応えが感じられます。究極の「日経ウィークリー」活用法だと自負しており、その概要を対話形式でいくつかまとめてみました。

　例えば、2010年3月8日 "Management grit can propel Toyota toward comeback" について、経済学専攻のエチオピアの Tolina と。8月2日の "Genetically tweaked monkeys help shed light on brain function" について、社会学専攻のフィリピンの Ryan と、等々。これらの内容については、順次「モノグラフシリーズ」としてアーキテクト社（http://www.smallworld.jp/index.html）から刊行予定なので、英語面接の参考にもしていただけたら、と思います。

Chapter 13

Discovery/ Trends/Insight	**Technology's human touch**
1	The Internet has <u>given birth to</u> new ways in which people can connect-within geographic regions, hobby circles, business arenas or areas of interest.

① One evening last month, nine people from all walks of life gathered around a pot of stew in Tokyo and shared stories about places they have been. They talked about sunsets and driving along scenic vistas, though none of them were on the same tour or trip.

② What they do have <u>in common</u> is a game they all play with their cell phones-a version of "<u>Kunitori Gassen,</u>" a land-acquisition game, that is navigated by people with mobile <u>in hand</u>.

③ The game's objective is to conquer all 600 imaginary countries located within Japan. The game exploits a cell phone's <u>location finder</u>, and players have to physically visit places for the game to work. More than 400,000 people play the game, which has <u>induced</u> them into animated discussions with former strangers about local eateries and traveling <u>by rail</u>.

④ Taeko Shibuya, a 67-year-old president of a <u>vocational school</u> that trains music industry experts, joined the game in the fall of 2006 on the recommendation of her daughter. "I was not interested at first," she said. But being a fan of traveling, she eventually <u>got hooked</u>.

⑤ <u>In 2008, the company that ran the game hosted an event for players</u>. People who only knew each other through the Internet got to meet <u>in person</u>. They talked endlessly about their travels and continued to get together in Tokyo, Osaka and other places every so often, getting to know each other along the

テクノロジーの人間味

1 インターネットは、地域、趣味のサークル、ビジネスや関心の領域内で、人々を繋ぐ新しい方法を生み出している。

① 先月のある夜、年齢や職業もばらばらな9人が東京都内で鍋を囲みつつ、旅の思い出話に花を咲かせていた。彼らは夕日や車窓の風景について語っているが、といっても彼らは同じツアーの参加者ではない。

② 彼らが共有しているのは、携帯電話を片手に全国を巡るゲーム「ケータイ国盗り合戦」である。

③ このゲームの目的は、全国を600の国に見立てて制覇していくことである。携帯電話の位置情報サービスを利用しており、実際にその地を訪れなければならない。現在、40万人以上が参加しており、利用者同士の交流が生まれ、旅先のご当地グルメやローカル線での移動といった話題で盛り上がっている。

④ 専門学校の理事長、渋谷妙子さん（67）が娘に勧められて本格的にゲームを始めたのは2006年の秋のことであった。「初めは興味なかった」が、もともと旅好きということもあり、次第に夢中になっていった。

⑤ 2008年に運営会社が開いたイベントがきっかけで、それまでインターネット上だけのつきあいであった利用者たちと直接出会った。旅の話は尽きず、東京や大阪などでたびたび集まるうちに、気心が知れた。

way.

⑥ Meet Hideyuki Yamagishi, a 37-year-old office worker from Kobe. Plenty of "Kunitori Gassen" players have, including Shibuya. Although the two are <u>far apart</u> in age, they have become fast friends. That they have forged a relationship despite the age difference is something of a surprise to Shibuya, who is around young people all the time at work. "But I just can't talk as candidly to them," she said.

⑦ Friendships might begin when players <u>run into</u> each other on the platform of Odate Station, in Akita Prefecture, or at Kumano Hayatama Taisha Shrine, in Shingu, Wakayama Prefecture, on New Year's Day.

⑧ Shibuya managed to "conquer" the country in between her work schedule. Though the game has ended, her friendships endure.

(May 17, 2010)

重要単語・熟語と例文

(頁-行)

174-リード　**give birth to**　〈事が〉～を生み出す、～の原因となる、～をもたらす

The invention <u>gave birth</u> to many brilliant appliances.
(その発明は多くの素晴らしい器具を<u>もたらした</u>。)

174-6　**in common**　共同で、共通に

She and her brother have nothing <u>in common</u>.
(彼女と彼女の弟の間には<u>共通な</u>ところが何もない。)

174-9　**in hand**　手に、掌中に

He went out with a map <u>in hand</u>.
(彼は地図を<u>手に</u>出かけた。)

⑥ 神戸市の会社員、山岸秀如さん（37）もその一人。渋谷さんとは親子ほど年が離れているが、熱心に語らう姿は古くからの親友のようである。渋谷さんは仕事で若者と接する機会も多いというが、「ここまで打ち解けては話せない」とほほ笑む。

⑦ゲーム仲間とＪＲ大館駅（秋田県大館市）のホームですれ違ったり、元旦に熊野速玉大社（和歌山県新宮市）で出くわしたりすることもある。

⑧仕事のスケジュールの合間を縫って渋谷さんは全国制覇をなし遂げた。ゲームは終わっても、そこから生まれた親交は続く。

(2010年5月17日)

174-14 **induce** 〈…を〉引き起こす、誘発する
The advertisement induced her to buy the cosmetics.
（広告を見て彼女はその化粧品を買う気になった。）

174-15 **by rail** 鉄道で
They left Hakata for Kyoto by rail.
（彼らは鉄道で博多から京都に向かった。）

174-20 **get hooked** 夢中になる、中毒になる
He got hooked on online games.
（彼はオンラインゲームに夢中になった。）

174-23 **in person** （代理でなく）自分で、本人が

You had better go <u>in person</u>.
（君<u>本人</u>が行くべきだ。）

176-4 **far apart** かけ離れる

They're friends but they're very <u>far apart</u> in their views.
（彼らは友だちだが見解は<u>大いに異なっている</u>。）

176-9 **run into** 《口語》〈人〉に偶然会う．

I <u>ran into</u> a friend from my high school days.
（私は高校時代の友人に<u>偶然出くわした</u>。）

関連設問

問題1 年齢・職業もばらばらな9人は集まって何の話をしているのですか？

この問いに答えるためには、第2段落の部分に注目。

"What they do have in common... by people with mobile in hand."
（彼らが共有しているのは、携帯電話を片手に全国を巡るゲーム「ケータイ国盗り合戦」である。）

問題2 このゲームの目的は何ですか？

この問いに答えるためには、第3段落の部分に注目。

"The game's objective is... 600 imaginary countries located within Japan.
（このゲームの目的は、全国を600の国に見立てて制覇していくことである。）

問題3 ゲーム仲間と、ＪＲ大館駅（秋田県大館市）のホームですれ違ったり、元旦に熊野速玉大社（和歌山県新宮市）で出くわしたりすることもある可能性があるのはなぜですか？

この問いに答えるためには、第３段落の以下の部分に注目。

"The game exploit... have to physically visit places for the game to work."

（携帯電話の位置情報サービスを利用しており、実際にその地を訪れなければならない。）

●●●●● 重要用語説明および背景説明 ●●●●●

174-7 **"Kunitori Gassen"** 『ケータイ国盗り合戦』

地図検索サービスを提供する株式会社 Mapion により、2005年から配信されている携帯電話ウェブゲーム。携帯電話の位置測定機能を使用するが、GPS 機能を搭載していない携帯電話でも参加が可能である。サービス開始時の 2005 年から 2007 年までは 7 月下旬から 10 月下旬までの期間限定で配信されていたが、2008 年 4 月の正式リリースより期間は廃止されている。プレイヤーが「国盗り」コマンドで現在地を測定すると、その場所が属する地域が「統一」されたことになり、これを繰り返しながら日本国内の全地域を「統一」することがゲームの最終目標である。

174-12 **location finder** 位置情報サービス

携帯電話や PHS、携帯情報端末（PDA）、専用機器を使って保有者の位置を測位し、様々な情報を提供するサービスの総称。利用者は、自分の位置や周囲の情報を知ることで、的確に次の行動を起こすことができる。電子地図や GPS（全地球測位システム）、

データベースなどと組み合わせて情報を提供する。小型GPSを内蔵した携帯電話があれば、正確な自分の位置と周辺の地図、店舗情報などを閲覧することができる。また、GPSを使って、子供の現在位置を、手持ちの携帯電話やパソコンの地図上に表示する、防犯システムとしても利用されている。

174-14　**vocational school**　専門学校・職業訓練学校

career college（専門学校）と同義に用いられるが、career collegeの中には芸術など才能や高い専門性を要求される学校も含まれるのに対し、vocational schoolは、就職のための実際的な技術を教える学校という意味合いが強い。

174-21　**In 2008, the company that ran the game hosted an event for players.**

2008年7月15日から10月22日まで、日本国内の100城を攻略する「夏の攻城戦」が実施された。城の位置から半径5km以内で国盗りコマンドを実行すると、3種類の攻撃方法を選択する画面が表示される。その中からもっとも効果的と思われるコマンドを実行するとその城を落城させたことになる。ただし、選択したコマンドにより結果が「大勝利」「勝利」「大苦戦」の3通りに分かれ、もらえる賞金（コバン）の額が変化する。

また、2008年9月9日から10月22日まで、三段階のレベルに応じて3〜5箇所のポイントを周る「一日天下コース」が実施されていた。レベル1・2は都市圏のポイント3箇所を回る内容で、毎週火曜日にコースが変更される。全18コースだが、いずれかのコースを最低1回クリアすれば次のレベルに進める。レベル3は10月22日までの開催期間中に「織田信長コース」「上杉謙信コース」「伊達政宗コース」のポイント各5箇所を周る内容で、各コースのポイントを全て攻略すると限定アバターや称号が手に入る。

その他にも、関東・関西それぞれ5箇所の紅葉の名所を周る「紅葉狩り」コース、飲食店の情報を集めたウェブサイト会社「ぐるなび」と提携し、「ぐるなびタッチ」設置店を訪れた回数により、姫に料理を献上した皿数を競う「わがまま姫の晩餐会」、JR東日本管内の神社・仏閣15箇所を周る「天狗様の武者修行」コースなどがそれぞれ開催されており、その後も期間限定による、スポンサー付きのタイアップ企画が登場している。

Column

「日経ウィークリー」の「文化欄」を定点観測する楽しみ(1)

本章で扱われている「Discovery / Trends / Insight」では、最新の文化現象、今まさに生まれつつある新しい流行の動きについて取り上げられています。「え！ こんなことが本当に流行しているのかな？」と思いながらその時は読んでいたとしても、数カ月後に大きな話題になっていることに驚かされるでしょう。毎週、興味を持てそうな記事を1、2点、丁寧に読み続けていくのも有効です。3カ月から半年の間、続けるだけでも、現在の日本のカルチャーがどこに向かっているのか、その方向性を確認することができるでしょう。「日経ウィークリー」の「文化欄」は幅広く様々な事象が取り上げられていますから、興味をもてそうな記事が必ずあるはずです。まずは「消費者／情報の受け手」の立場から記事の分析を検討してみましょう。さらに「情報の送り手」の立場に立って、新しい流行をどのように作り出す工夫が凝らされているかを考えてみるとよいです。英字新聞をより能動的に体験することができるでしょう。

Discovery/Trends/Insight 2

Girls 'manga' artist offers tips on selling into U.S. market

① A Japanese girls manga artist living in the U.S. has created a cult following among American teenage girls with her superb penmanship, dramatic storylines and subtle depictions of emotions.

② <u>Misako Rocks!</u> is her pen name. In April, she held seminars in Japan to provide tips on manga marketing in the U.S., saying, "I want more American people to get to know about girls comics."

③ After graduating university, Misako moved <u>to the U.S. in 2001</u>. With Japanese animation gradually <u>winning over</u> a wider audience there, she decided to expand her work from illustrations to manga. After a number of failed sales pitches at local publishers, she finally had her break in 2006, <u>succeeding in publishing</u> her first comic.

④ Girls manga was a virtually nonexistent genre in the U.S. before Misako came along. She has since been working hard to communicate to American teens how much fun manga can be. To make it easier for them to <u>identify with</u> the stories, she has been introducing true-to-life characters and setting stories in the U.S. In 2007, one of her love-story manga based on her own romance was selected by the <u>New York Library Association</u> as recommended reading for teenage students across the country.

⑤ A number of Japanese publishers are going on a marketing offensive in many countries. The U.S., however, appears to be a tough market to crack given lopsided reader <u>preferences</u>. "Japanese manga comics popular in the U.S. are mostly those written in the 1980s and 1990s, and even such works can draw only a limited number of fans."

2 少女「マンガ」家が米国市場への売り込みにまつわるヒントを提供する

Discovery/Trends/Insight

① ある米国在住の日本人少女漫画家が、ドラマチックなストーリーと繊細な心理描写で、米国の10代の女の子たちを中心に熱狂的な支持を集めている。

② ミサコ・ロックス！は彼女のペンネームである。出版社や漫画家らを対象にした米国市場での漫画のマーケティングセミナーを4月に日本で開いた。「日本の少女漫画をもっと米国に広めたい」と今後も講演活動を続けていく。

③ 大学卒業後、ミサコは2001年に渡米した。日本のアニメが米国で浸透していく状況にあわせて、彼女はイラストの仕事から漫画へと活動の幅を広げようと決意した。何度も米国の出版社に作品を持ち込んだ末、2006年にようやく最初の単行本を出版することに成功した。

④ ミサコが登場する以前には、女性向け漫画は実質、米国ではほとんど存在していなかった。彼女は米国の10代の読者に漫画の魅力を伝えようとずっと努力を重ねてきている。米国を舞台に読者が感情移入できる等身大のキャラクターを登場させるなど、漫画を読む機会が少なかった10代の女の子たちに、その魅力を伝える。2007年には、自身の経験を踏まえて描いた恋愛漫画が、ニューヨーク図書館協会による、全米の学校向けの推薦図書に選ばれた。

⑤ 日本の出版業界は漫画を海外に積極的に売り込もうとしている。しかしながら、偏った読者の好みをこじあけるには米国は大変な市場であるように見える。「米国で人気があるのは、1980、90年代の日本の漫画。しかも一部の限られたファンにしか受け入れられていない」と彼女は現状を憂いる。

⑥ She has given talks in Japan so that others can draw from her experiences in the U.S., such as how American publishers do business and what cultural differences there are depending on region.
⑦ Misako said she has learned that constantly challenging new fields in the business is <u>crucial to</u> the success in the U.S. comic market. True to her word, she is now aiming to create a new market targeting young girls aged 6-12.

(May 24, 2010)

●●●●●●● 重要単語・熟語と例文 ●●●●●●●

〔頁-行〕

182-10 **win over** 〈人を〉説得して〔味方に〕引き入れる〔to〕
She <u>won</u> her mother <u>over</u> to her side.
(彼女は母親を<u>説得して味方にした</u>。)

182-13 **succeed in ~ ing** 目的を達する[遂げる]
The company <u>succeeded in improving</u> its sales.
(その会社は売上拡大に<u>成功した</u>。)

182-18 **identify with** 〈人・ものを〉〔…と〕同一であるとみなす[扱う]、同一視する
I <u>identified with</u> the character in the novel.
(私はその小説の登場人物と自分を<u>同一視した</u>。)

Discovery/Trends/Insight

⑥　米国の漫画の流通事情や出版社とのやりとり、地域ごとの文化の違いなど「自分の経験が役に立てば」と日本での講演を引き受けた。

⑦　ミサコ曰く、「米国のコミック市場では常に新しい分野の開拓が必要」という。彼女の言葉によれば、米国に 6 〜 12 歳を対象にしたコミックの市場をつくり出したいと将来を見据えている。

(2010 年 5 月 24 日)

●●●●●●●●●●●●●●●●●●●●●●●●●●●●●●●

182-25　**preference**　〔他のよりも先に〕〔…を取る〕好み、選択〔to, over〕〔for〕

Her preference in foods is spicy food like is curry rice.
(彼女の好物はカレーライスのようなスパイシーな食べ物だ。)

184-6　**crucial to**　〔…にとって〕決定的で、(きわめて) 重要で〔to, for〕

The next step is crucial to our success.
(次の段階は我々の成功を決める鍵となる。)

関 連 設 問

問題1 ミサコ・ロックス！は米国の漫画界でどのように人気を得ているか？

この問いに答えるためには第1段落の部分に注目。

"A Japanese girls manga artist... and subtle depictions of emotions."

(ある米国在住の日本人少女漫画家が、ドラマチックなストーリーと繊細な心理描写で、米国の10代の女の子を中心に熱狂的な支持を集めている。)

問題2 かつて漫画に興味を示してこなかったアメリカ人に対して、ミサコ・ロックス！は、どのように漫画の魅力を伝えようとしてきたか？

この問いに答えるためには第4段落の以下の部分に注目。

"To make it easier... true-to-life characters and setting stories in the U.S."

(米国を舞台に読者が感情移入できる等身大のキャラクターを登場させるなど、漫画を読む機会が少なかった10代の女の子たちに、その魅力を伝える。)

問題3 ミサコ・ロックス！が目指している「新しい挑戦」とは具体的にどのようなことであるか？

この問いに答えるためには第7段落の以下の部分に注目。

"True to her word, ... a new market targeting young girls aged 6–12."

(彼女の言葉によれば、米国に6〜12歳を対象にしたコミックの市場をつくり出したいと将来を見据えている。)

重要用語説明および背景説明

182-5 **Misako Rocks!** ミサコ・ロックス！
本名は高嶋美沙子。埼玉県出身。法政大学英文科在学中に、ミズーリ州カークスビル大学に2年間留学。日本に戻り大学卒業後は、人形師を目指してニューヨークへ渡った。2001年、市内の人形劇場ボンドストリートシアターにて、インターンをつとめるが挫折。その後、ニューヨークの出版社6社に漫画企画の売り込みをはじめる。2006年ディズニー配給会社のハイペリオン社から『バイカー・ガール』(*Biker Girl*) を刊行し、デビュー。自身の初恋と留学時代をつづった2作目『ロックンロール・ラブ』(*Rock and Roll Love*, 2007)、ほか『ディテクティブ・ジャメイン』(*Detective Jermain*) シリーズがある。ニューヨーク市の各公立図書館で中高校生向けの漫画ワークショップを行うほか、全米とヨーロッパ各地にて講演活動も行っている。2009年に『日経ウーマン』の「ウーマン・オブ・ザ・イヤー2010」の一人に選ばれ、キャリアクリエイト部門受賞。

182-9 **the U.S. in 2001** 2001年当時の米国のマンガ事情
ヨーロッパやアジア諸国に比しても、米国では日本の漫画がなかなか受容されにくい時代が長く続いていたが、1990年代後半から21世紀はじめにかけて飛躍的に浸透し、現在では日本で単行本が刊行されてからほとんど間をおくことなく、英語翻訳版が刊行され、人気を集めている。その背景として、「グラフィック・ノヴェル」と称される、米国のコミックス界をめぐる状況の変化がまず挙げられる。従来、子供向けとされることが多かったアメリカのコミックスであったが、文学性、芸術性の高いコミックスを「グラフィック・ノヴェル」と称することにより、米国の

コミックス受容が多様化する下地となった。日本の漫画に関しても、「MANGA」という扱いであるか、「グラフィック・ノヴェル」の一部として扱われていることが多い。

また、1997年に創立された、漫画の翻訳出版・供給会社TOKYOPOP（東京本社、ロサンゼルス支社）に代表されるように、日本の漫画の翻訳・供給の動きが加速度的に進むことにより、近年、アメリカ文化においても日本の漫画が浸透しつつある。日本の漫画に影響を受けた漫画家、コミック・アーティストも登場している。北米版月刊マンガ雑誌『Shonen Jump』創刊（Viz Media 刊、2002〜）、『Shojo Beat』（Viz Media 刊、2005-09）の創刊が続き、若年層の漫画読者を雑誌媒体により、拡大しようとする動きが示されているが、広大な米国での流通経路の問題、単行本の飛躍的な発行点数の増加、インターネットなどによる媒体との競合などの事情もあり、漫画雑誌文化の定着に関しては新たな活路が求められている状況にある。

182-21 **New York Library Association** ニューヨーク図書館協会

1890年創設。現在では、ニューヨーク図書館協会は、米国図書館協会（American Library Association, ALA）に加盟し、ニューヨーク支部としての機能を果たしている。米国図書館協会は、1876年に設立された、世界で最も古くかつ最大規模の全国的な図書館の協会である。全米で57の支部が存在し、自治的な単位組織として、それぞれに独自の選挙機構を持っている。図書館協会による推薦図書リストでは、児童の読書活動を支援するためにヤングアダルト小説のみならず、近年では、漫画を含むグラフィック・ノヴェルを積極的に取り上げる姿勢が目立つ。米国図書館協会には、12歳ぐらいから18歳までのティーン世代の読

書活動を支援する「ヤングアダルト図書館サービス協会」も存在する。

Column

「日経ウィークリー」の「文化欄」を定点観測する楽しみ(2)

現在は世界的に厳しい不況の時代と言われています。「新しい発想」もすでに出尽くしてしまったかのようにも思われています。しかし、こうした時代の中にあっても、ある業種や、ある製品は確実に利用者の支持を集め、市場が業績を飛躍的に伸ばすことに成功していることに気づかされるでしょう。「日経ウィークリー」の「文化欄」を数カ月、定点観測することにより、見えてくるのは、グローバル化を進める社会の中で、「今、そしてこれから」人々が何を求めているのか、それに対して情報の送り手がどのように時代を見据えているかという姿勢のあり方でしょう。厳しい時代をも生き抜く知恵が浮かび上がってくるはずです。

略語一覧

ABM	antiballistic missile　弾道弾迎撃ミサイル
AIDS	acquired immune deficiency syndrome　エイズ（後天性免疫不全症候群）
APEC	Asia-Pacific Economic Cooperation forum　アジア・太平洋経済協力会議
AR	acid rain　酸性雨
ASEAN	Association of Southeast Asian Nations　東南アジア諸国連合
ASEAN+3	東南アジア諸国連合及び日中韓
ASEM	Asia-Europe Meeting　アジア欧州会議
ATM	automatic/automated teller machine　現金自動預入支払機
BBC	British Broadcasting Corporation　イギリス放送協会
BIS	Bank for International Settlements　国際決済銀行
BK	biokinetics　生物動力学
BOJ	Bank of Japan　日本銀行
BRICs	Brazil, Russia, India, China　ブラジル、ロシア、インド、中国
CAD	computer-aided design　コンピューター援用設計
CB	convertible bond　転換社債
CBD	Convention on Biological Diversity　生物多様性条約
CEFP	Council on Economic and Fiscal Policy　経済財政諮問会議
CEO	chief executive officer　最高経営責任者
CIA	Central Intelligence Agency　米中央情報局
CIS	Commonwealth of Independent States　独立国家共同体
Co.	company　会社
Co., Ltd	company limited　株式会社
COP	Conference of the Parties　（さまざまな条約の）締約

	国会議
Corp.	corporation 法人
CPI	consumer price index 消費者物価指数
CPU	central processing unit 中央演算処理装置
CTBT	Comprehensive Nuclear-Test-Ban Treaty 包括的核実験禁止条約
DICJ	Deposit Insurance Corporation of Japan 預金保険機構
DPJ	Democratic Party of Japan 民主党（日本）
EBRD	European Bank for Reconstruction and Development 欧州復興開発銀行
EC	European Commission 欧州委員会
ECB	European Central Bank 欧州中央銀行
EEZ	exclusive economic zone 排他的経済水域、経済専管水域
EMS	electronic manufacturing services 電子機器受託サービス
EPA	economic partnership agreement 経済連携協定
ETIC	Enterprise Turnaround Initiative Corporation of Japan 企業再生支援機構
EU	European Union 欧州連合
EV	electric(al) vehicle 電気自動車
FAO	Food and Agriculture Organization 食糧農業機関
FBI	Federal Bureau of Investigation 米連邦捜査局
FIFA	Federation Internationale de Football Association 国際サッカー連盟
FOB	free on board 本船渡し
4S	small, simple, and super-safe 小型、簡便、超安全
FSA	Financial Services Agency 金融庁
FRB	Federal Reserve Board 米連邦準備制度理事会
FSX	fighter support X 次期支援戦闘機
FTA	Free Trade Agreement 自由貿易協定
FY	fiscal year 会計年度
GDP	gross domestic product 国内総生産

GM	General Motors Corporation	ゼネラル・モーターズ社
Gov't	government	政府
GPS	Global Positioning System	全地球測位システム
G7	Group of Seven	先進七カ国財務相・中央銀行総裁会議
GTE	geothermal energy	地熱エネルギー
GTO	Gran Turismo Omologato	長距離・高速走行認定（車）
HDD	hard disk drive	固定磁気ディスク装置
HEPP	hydroelectric power plant	水力発電所
IAEA	International Atomic Energy Agency	国際原子力機関
IBRD	International Bank for Reconstruction and Development	国際復興開発銀行
ICBM	intercontinental ballistic missile	大陸間弾道ミサイル
ICPO	International Criminal Police Organization	国際刑事警察機構
IEA	International Energy Agency	国際エネルギー機関
ILO	International Labour Organization	国際労働機関
IMD	International Institute for Management Development	国際経営開発研究所
IMF	International Monetary Fund	国際通貨基金
IOC	International Olympic Committee	国際オリンピック委員会
iPS cell	induced pluripotent stem cell	人工［誘導］多能性幹細胞、iPS 細胞
IWC	International Whaling Commission	国際捕鯨委員会
JAF	Japan Automobile Federation	日本自動車連盟
JAS	Japan Agricultural Standard	日本農林規格
JETRO	Japan External Trade Organization	日本貿易振興会
JFTC	Japan Fair Trade Commission	公正取引委員会
JFTC	Japan Foreign Trade Council, Inc.	社団法人日本貿易会
JGB	Japanese Government Bonds	日本国債
JICA	Japan International Cooperation Agency	国際協力事業団

JIS	Japan Industry Standards	日本工業規格
KEDO	Korean Peninsula Energy Development Organization 朝鮮半島エネルギー開発機構	
LCD	liquid crystal display　液晶ディスプレー	
LDP	Liberal Democratic Party　自由民主党（日本）	
LED	light-emitting diodes　発光ダイオード	
LIBOR	London Interbank Offered Rate　ロンドン銀行間取引金利	
LNG	liquefied natural gas　液化天然ガス	
LPG	liquefied petroleum gas　液化石油ガス	
MAFF	Ministry of Agriculture, Forestry, and Fisheries 農林水産省	
M&A	mergers and acquisitions　合併・買収	
megapharma	mega pharmacy　メガファーマ　巨大製薬会社	
METI	Ministry of Economy, Trade and Industry　経済産業省	
MEXT	Ministry of Education, Culture, Sports, Science and Technology　文部科学省	
MFN	most favored nation　最恵国	
MIC	Ministry of Internal Affairs and Communications 総務省	
MOF	Ministry of Finance　財務省 Minister of Finance　大蔵大臣	
MOFA	Ministry of Foreign Affairs　外務省	
MS	Microsoft　米マイクロソフト社	
NAFTA	North American Free Trade Agreement　北米自由貿易協定	
NASA	National Aeronautical and Space Administration 米航空宇宙局	
NASDAQ	National Association of Securities Dealers Automated Quotations　ナスダック	
NATO	North Atlantic Treaty Organization　北大西洋条約機構	

NB	national brand	製造業者商標
NBA	National Basketball Association	全米プロバスケットボールリーグ
NE	nuclear energy	核エネルギー
NF	nuclear fission	核分裂
NGO	non-governmental organization	非政府組織
NIEs	newly industrializing economies	新興工業経済地域
NLP	night landing practice	夜間発着訓練
NPO	non-profit organization	非営利組織
NPP	nuclear power plant	原子力発電所
NPT	Nuclear Nonproliferation Treaty	核拡散防止条約
NR	natural resources	天然資源
NYSE	New York Stock Exchange	ニューヨーク証券取引所
ODA	Official Development Assistance	政府開発援助
OECD	Organisation for Economic Co-operation and Development	経済協力開発機構
OEM	original equipment manufacturing	相手先商標製品製造
OK'd	okayed	承認された
OPEC	Organization of the Petroleum Exporting Countries	石油輸出国機構
OS	operating system	オペレーティング・システム
PB	private brand	自社商標
PC	personal computer	パソコン／パーソナル・コンピューター
PDA	personal digital assistant	携帯情報端末
PG	power generation	発電
PKF	peacekeeping forces	国連平和維持軍
PKO	peacekeeping operations	国連平和維持活動
PM	Prime Minister	首相
PNP	People's New Party	国民新党（日本）
POS	point-of-sale	販売時点情報管理
R&D	research and development	研究開発

R&R	rest and recreation	保養休暇、休養兼娯楽
RIMPAC	Rim of the Pacific Exercise	環太平洋合同演習、リムパック
SALT	Strategic Arms Limitation Treaty	戦略兵器制限条約
SDI	Strategic Defense Initiative	戦略防衛構想
SEC	Securities and Exchange Commission	米証券取引委員会
SOFA	Status of Forces Agreement	駐留米軍地位に関する協定
SSD	solid state drive	フラッシュメモリ・ドライブ
START	Strategic Arms Reduction Talks	戦略兵器削減交渉
TB	tuberculosis	結核
TMD	Theater Missile Defenses	戦域ミサイル防衛
TOB	takeover bid	株式公開買付け
TOPIX	Tokyo Stock Price Index	東証株価指数
TPG	tidal power generation	潮汐発電、潮力発電
TPP	thermal power plant	火力発電所
UNDP	UN Development Programme	国連開発計画
UNESCO	UN Educational, Scientific and Cultural Organization	ユネスコ、国連教育科学文化
UNGA	UN General Assembly	国連総会
UNHCR	Office of the United Nations High Commissioner for Refugees	国連難民高等弁務官事務所
UNICEF	UN Children's Fund	ユニセフ、国連児童基金
UNSC	UN Security Council	国連安全保障理事会、安保理
UV	ultraviolet rays	紫外線
WFP	World Food Program	世界食糧計画
WHO	World Health Organization	世界保健機関
WPI	wholesale price index	卸売物価指数
WPG	wind-power generation	風力発電
WTO	World Trade Organization	世界貿易機関

■執筆者紹介

編者・Chapter 1
杉田 米行（すぎた よねゆき）

大阪大学言語文化研究科准教授。著書に、杉田米行編著『トータル・イングリッシュ』（大阪大学出版会、2009 年）；杉田米行編著『図解入門ビジネス英文ビジネス E メールの鉄則と極意（最新改訂版）（秀和システム、2007 年）など。

Chapter 2
杉野 俊子（すぎの としこ）

防衛大学校外国語教育室教授。著書に、杉田米行編著『トータル・イングリッシュ』（大阪大学出版会、2009 年）；『Nikkei Brazilians at a Brazilian School in Japan: Factors Affecting Language Decisions and Education』（慶應義塾大学出版会、2008 年）；『英語論文の書式と使える表現集』（ナツメ社、伊藤文彦共著、2008 年）；『大学で学ぶ議論の技法』（慶應義塾大学出版会、共訳、2006 年）など。

Chapter 3
山元 里美（やまもと さとみ）

津田塾大学女性研究者支援センター特任講師。イリノイ大学大学院アーバナ・シャンペーン校社会学（Ph.D.）。著書に、『The Nikkei Weekly で学ぶ英語と時事問題・モノグラフシリーズ（杉田米行監修）』より、山元里美『時事教養をつけながら学ぶ英文ライティング―これだけは知っておきたい 10 項目』（アーキテクト社、2010 年）など。

Chapter 4
熊谷 俊樹（くまがい としき）

京都外国語大学国際教養学科教授・国際交流部長。米広報文化交流庁（USIA）、米国務省に雇われ、31 年間（1972-2003）米連邦政府に奉職、パブリック・ディプロマシー（広報外交）を通して、日米友好・親善と相互理解の促進に携わる。在大阪・神戸米国総領事館広報（広報外交）専門官、アメリカンセンター副館長を経て、母校の京都外国語大学教授に就任。名古屋外国語大学・大学院非常勤講師兼任。大阪外国語大学（現、大阪大学）を経て、大阪大学非常勤講師歴任。著書（共著、編著者 杉田米行）に、「戦後の日本における米政府のパブリック・ディプロマシーの意義」『アジア太平洋戦争の意義―日米関係の基盤はいかにして成り立ったか―』（三和書籍、2005 年）など。

Chapter 5
立花顕一郎（たちばな　けんいちろう）

　（株）日経国際ニュースセンター勤務を経て、現在は東北文化学園大学総合政策学部准教授。著書に、World News Report from VOA: Learn American English and Much More（Cengage Learning、2008、共著）など。

Chapter 6
川村　亜樹（かわむら　あき）

　愛知大学現代中国学部准教授。著書（共著）に、貴志雅之編著『二〇世紀アメリカ文学のポリティクス』（世界思想社、2010年）；杉田米行編著『トータル・イングリッシュ』（大阪大学出版会、2009年）；杉田米行編著『アメリカ的価値観の揺らぎ』（三和書籍、2006年）など。

Chapter 7
藤原　郁郎（ふじわら　いくろう）

　米国アメリカン大学国際関係学部卒。米国コロンビア大学大学院社会科学方法論研究科修了。著書に、「Dilemma in American Gun Society:Quantitative Analyses of Brady and Shall-Issue Laws with Fifty-State Panel Data」（大阪外国語大学論集第36集1号）など。

Chapter 8
西川　秀和（かわにし　ひでかず）

　大阪大学外国語学部非常勤講師・早稲田大学国際言語文化研究所客員研究員。著書に、『冷戦レトリックの形成過程』（早稲田大学出版部、2009年）；『歴史が創られた瞬間のアメリカ大統領の英語』（ベレ出版、2008年）；『昭和天皇の全国巡幸』（アーカイブス出版、2008年）等。研究成果を公表しているホームページ（http://www.american-presidents.info/）。

Chapter 9
竹村　和浩（たけむら　かずひろ）

　TLL言語研究所　代表取締役、大修館「英語教育ニュース」編集長、All About「ビジネス英会話」ガイド。防衛省陸上自衛隊幹部学校発音講話担当。著書に、『トータル・イングリッシュ』共著（大阪大学出版会、2009年）；『図解入門ビジネス中学英語の基本と仕組みがよ〜くわかる本（秀和システム、2009年）；『女子高生の日常を英語にしたら—4コマ漫画で学ぶ英語表現ウルトラ100』（PHP研究所、2010年）；『図解　英語脳のつくり方』（PHP研究所、2006年）など。

Chapter 10
樋口謙一郎（ひぐち　けんいちろう）
　椙山女学園大学文化情報学部准教授。専門は東アジア政治・言語政策。著書に『米軍政期南朝鮮における言語・文字改革』（金壽堂出版、2009 年）など。英語、韓国語、中国語の翻訳も手がけており、最近の主な訳書に『ドーナツ半分は単数形？複数形？英文法の謎に迫る 33 章』（講談社インターナショナル、2010 年）など。

Chapter 11
Fergus O'Dwyer（ファーガス・オドワイヤー）
　大阪大学世界言語センター特任講師（常勤）。専門は文化概念化、ダブリン・アイルランド英語、欧州言語ポートフォリオ（ELP）、世界英語教授法等。全国語学教育学会（JALT）の言語参照枠&言語ポートフォリオ研究会（FLP SIG）責任者。著書に（共編著）『日本と諸外国の言語教育における Can-Do 評価—欧州言語共通参照枠（CEFR）の適用—』（朝日出版、近刊）など。

Chapter 12
白井　慶子（しらい　けいこ）
　茅ケ崎方式英語千里中央校主宰。通訳・翻訳者。2005 年の愛知 EXPO ではアフリカ館で活動し、通訳としてジンバブエを訪問。共著に、杉田米行編著『トータル・イングリッシュ』（大阪大学出版会、2009 年）など。

Chapter 13
中垣恒太郎（なかがき　こうたろう）
　大東文化大学経済学部准教授。著書に『グローバリゼーションとアメリカ・アジア太平洋地域』（分担執筆、大学教育出版、2009 年）、『アメリカの旅の文学——ワンダーの世界を歩く』（分担執筆、昭和堂、2009 年）など。

英字新聞「日経ウィークリー」活用法

2010 年 11 月 20 日　初版第 1 刷発行

- ■ 編 著 者 —— 杉田米行
- ■ 発 行 者 —— 佐藤　守
- ■ 発 行 所 —— 株式会社 大学教育出版
  〒700-0953　岡山市南区西市855-4
  電話(086)244-1268(代)　FAX(086)246-0294
- ■ 印刷製本 —— モリモト印刷㈱

©Yoneyuki Sugita 2010, Printed in Japan
検印省略　　落丁・乱丁本はお取り替えいたします。
無断で本書の一部または全部を複写・複製することは禁じられています。

ISBN978−4−86429−037−1